陈嘉芸◎著

提升时间管理力的关键

哪有没时间这种事

国家一级出版社 中国纺织出版社 全国百佳图书出版单位

内 容 提 要

人的一生有两个最大的财富：才华和时间。如果一天天过去了，时间少了，而才华没有增加，那就是虚度光阴。所以，哪有没有时间这种事，关键是要学会有效利用时间。

本书从时间管理着手，阐述管理时间的各个要素，诸如执行力、高效率、分配力、专注力、竞争力、时间表等，让你在一定时间内，比别人获得更多的东西，更快地达到目标，实现以最少的投入获得最佳的结果。

图书在版编目（CIP）数据

哪有没时间这种事：提升时间管理力的关键 / 陈嘉芸著.--北京：中国纺织出版社，2018.1

ISBN 978-7-5180-4637-9

Ⅰ.①哪… Ⅱ.①陈… Ⅲ.①时间—管理 Ⅳ.①C935

中国版本图书馆CIP数据核字（2018）第014723号

策划编辑：闫 星　　特约编辑：李 杨　　责任印制：储志伟

中国纺织出版社出版发行

地址：北京市朝阳区百子湾东里A407号楼　邮政编码：100124

销售电话：010—67004422　传真：010—87155801

http：//www.c-textilep.com

E-mail：faxing@c-textilep.com

中国纺织出版社天猫旗舰店

官方微博http：//weibo.com/2119887771

三河市延风印装有限公司印刷　　各地新华书店经销

2018年1月第1版第1次印刷

开本：710×1000　1/16　印张：13.5

字数：205千字　定价：36.80元

前　言

有个行人，在扁担上挂着一只茶壶，茶壶突然坠地而碎，可他头也不回地继续往前走，路人看见了忙喊：“喂，茶壶碎了。”那人淡淡地回答说：“我知道，既然碎了，回头看又有何用？”

一件事没做好，已是事实，抓紧时间做好下一件才是最重要的。

现代社会，人们常挂在嘴边的一句话是：“好忙！”每天有做不完的事情，工作、生活、通勤、玩手机、看电影、跟朋友聚会等。然而，总有一些人，在拥有同样的时间里做了更多的事情，当前者还在瞎忙的时候，后者已经步入成功的殿堂。时间是最不容忽视的因素，两者生活的差异来源于时间管理，来源于均衡生活与工作。人们应该考虑每天在什么时间完成多少任务，提高工作效率，合理安排时间。

对一个人而言，时间管理非常重要。时间不会等人，不会任由个人意志而改变。哪有没有时间这种事，每个人都需要学会管理时间，管理时间的目的是高效率地完成事情，时间管理的最高境界是和时间成为朋友。

一项研究表明：一个效率糟糕的人与一个高效率的人工作效率相差可达10倍以上。善于利用时间的人从来不会把时间花在无关紧要的事情上，而是会花在值得做的事情上。假如一个人一天做一件事，就会花一整天去做；假如一个人一天做两件事，也会完成它们；假如一个人一天做12件事，则会想办法完成七八件事。

那些总嚷着“没有时间”的人，不妨留意一下，找出生活、工作中的时间数字，让自己始终保持危机感，警惕时间的流逝，深谙时间管理的方法，利用好每一分、每一秒。

卡耐基认为，竞争的实质，就是在最快的时间内做最好的东西。人生最大的成功，就是在最短的时间内达成最多的目标。质量是“常量”，经过努力都可以做好；而时间，永远是“变量”：一流的质量可以有很多，而冠军只有一个——任何领先，都是时间的领先。

编著者

2017 年 9 月

目录

第01章

你不是没有时间，而是不会管理时间

现代人普遍的口头禅是：“我很忙。”甚至有一种比喻，时间就像卫生纸，用着用着就没了。然而，你并不是没有时间，而是不会管理时间，而时间管理的目的就在于如何才能让时间变得更有价值。

每天感觉累，因为你不会管理时间

“时间都去哪儿了，还没好好感受年轻就老了……”2014年，一首《时间都去哪儿了》风靡全国，引发了全民对于“时间”的讨论。时间是什么？这是一个亘古不变却又令人迷惑的问题。圣奥古斯丁在《忏悔录》里写道：“时间是什么？如果没有人问我，我很清楚；可是当有人问我时，我便茫然了。”

生活中，越来越多的人不由自主地感叹：为什么随着年龄增长，我们会感觉时间过得越来越快？人在年少时期，往往会感觉日子过得缓慢，总是急切地希望自己快快长大，甚至会盯着墙壁上的钟表数着时间。但是，随着长大之后，便会感叹：“逝者如斯夫，不舍昼夜。”其实，人的一生都在与时间赛跑，少年时期总感觉有大把的时间任凭自己去挥霍，工作之后面对每天的计划、开会、应酬，总会有一种声音在脑海里闪现：时间都去哪儿了？

有一种忙碌是你觉得自己忙，早上6点到晚上12点，事情排得满满的，投入时间和精力去拼命工作，却并未给自己创造出个人价值，甚至工作也没有出现大的突破，相反，每天都会感觉很疲惫，时间不够用。

28岁的阿念越来越有一种“时间不够用”的感觉，她总听那些年老的人念叨：人啊，只要过了25岁，光阴似箭，很快就到中老年了。所以，阿念一直认为，可能就是因为随着年龄增长，时间才那么不经用。

不过，阿念一天是怎么过的呢？由于前一晚睡得太晚，她不得不赖床到7点45分才起床，然后穿衣、洗漱，匆匆出门奔向车站。到公司之后，打开电脑，她并不着急安排一下一天的工作，而是浏览新闻、看看喜欢的明星动态、淘宝网，尽管老板偶尔从身边经过，但她还是乐此不疲地偷闲着。等到10点左右，她才慢腾腾地开始工作，工作不到20分钟，又开始循环往复地看网页，这样来来回回，中午下班时她的工作几乎可以说是毫无进展。

下午阿念进入疲惫期，工作效率下降，下班前也只能草草收场。到家吃饭之后，她可以在沙发上躺到11点，然后磨磨蹭蹭去洗漱，忙到1点钟才睡，这时阿念总会感叹：这一天好累！

第二天又是重复的一天。

从表面上看，阿念从早上7点至夜里1点，确实很累。然而，我们仔细看她一天的作息时间表，却发现她并没有做什么事情，甚至连工作都没能好好完成。每天感觉累，但时间却不够用，这就是阿念深切的感受。真的是时间不够用吗？当然不是，原因在于她不擅长管理时间。一天浑浑噩噩，时间不够用，自然觉得累。

1. 做时间的主人

必须明确的是，我们是人并非机器，即便是连轴转的工作也会让身体累趴下。所以，在每天的时间安排中，并不需要把时间安排得满满的，需要留给自己时间思考和休息，从而培养出管理时间的良好思维。

2. 快速进入状态

生活中，对于做什么事情，许多人总是习惯于等待“好情绪”，也就是花费很长的时间去进入状态，在他们看来，自己需要等待一个好状态才能将事情做到最大效率。然而，状态是通过做事情的过程出来的，而非等出来的。所以，把握最佳时机，现在就去做。

3. 别让不值得的事情浪费时间

学会给每件事情限制时间，别被无聊的人和无关重要的事缠住，别在不必要的地方逗留太久。如避开上下班高峰期，避免在高峰期乘车、购物、进餐等，这样可以节省很多时间。

4. 注重时间机会成本

生活中，有些人会因省两元钱而排队半小时、省一元钱而步行半个小时，这其实算起来是很不划算的。管理时间，就需要经营，每时每刻保持成本和价值的观念，注重时间的机会成本，让时间产生的价值最大化。

5. 选择合适的休闲方式

选择适合自己且积极向上的休闲方式有利于身心的放松、精神的陶冶和人际的交流，这样有利于提高做事效率。而且，一些积极休闲的活动可以有效地解决问题。

6. 善于利用零碎时间

人们总是容易忽视那些零碎的时间，尽管这些时间短，却可以充分利用起来做一些事情，如等车时思考一下工作，运动时想想那些急需解决的困难事情。在非常疲劳之前休息片刻，这样不仅避免了过度疲劳导致的超时休息，还能让自己始终保持好的竞技状态，从而提高做事效率。

7. 对难以处理的事情不如暂时搁浅

有的人遇到比较有难度的事情，就会固执坚持，结果花费太多时间，最终也没能解决。这时可以把问题记下来，潜意识里让时间去解决，别钻牛角尖，不做无谓争论，这样不仅影响情绪和人际关系，还会浪费很多时间。

小贴士

良好的时间管理可以给我们一个规律的生活，将时间利用到最大化，在有限的时间里做完应该做的时间，然后保证充足的休息时间，这样便会使生活井井有条，自己也会每天精力充沛，生活有规律，工作有效率。

过分的情绪，会令你疲惫不堪

心理分析学家海德费曾说：“我们感到的大部分疲惫，都是心理影响的结果。其实，纯粹是由生理引起的疲劳是很少的。”也就是说，在生活中，我们所感到的疲劳，大部分是因精神和情感因素所引起的。事实上，大脑是完全不知道疲倦的，即便工作8小时甚至12小时之后，大脑的工作效率仍会像刚开始工作时那样高。那么，在现实生活中，到底是什么让我们感到疲惫呢？

大都会人寿保险公司在谈“疲惫”宣传册时指出：“努力工作本身很少引起休息不过来的疲惫。导致身体疲劳的三大原因是忧虑、紧张、情绪不安。工作状态的肌肉就是紧绷的肌肉，学会放松自己，为其他更重要的事情省力气。”生活中最可悲的事情莫过于，人们总是想方设法地去节省自己的金钱，殊不知自己在浪费大量的精力。赫希林说：“我发现最大的障碍，源于几乎每个人都相信越艰辛的工作就越得用力去完成，否则就不会做好。”所以，当人们从事脑力劳动的时候，集中精力时会不自然地皱眉头，然后耸着双肩，基本上所有的肌肉都非常紧绷，结果产生了这些不必要的紧张。然而，即便人们真的这样做了，也对其思考问题不一定起到效果。

薇姬·贝姆是一位著名的小说家，她在枯燥的写作之余，通常会采用自己的放松方式来使身心得到休息。

原来，贝姆小时候曾经遇到一位老人。当时，她刚摔了一跤，膝盖受伤了，手腕也扭了，路过的那位老人将贝姆搀扶起来。待贝姆坐下之后，老人便说：“这时候你应该放松自己，想象自己是一双软绵绵的旧袜子，这样就可以放松全身了。”原来，那位老人曾经在马戏团当小丑，很熟悉防止摔倒的技能，他开始教贝姆如何摔倒不会伤到自己。

后来的日子里，贝姆一直使用这种放松全身心的方式，当自己感到累的时候，想象一下自己是一双软绵绵的旧袜子，就彻底放松了。

如何放松全身？有人或许会问是先从思想上放松呢，还是先从心理上放松？在这里，我需要告诉大家的是，应该先放松肌肉。当我们需要放松眼部肌肉的时候，可以让身子往后靠，闭着双眼，然后告诉自己："放松！别紧张！放松！别紧张！别皱眉！放松！"假如我们可以重复这个动作 1 分钟，那么双眼马上就可以放松下来。

1. 放松自己

每天记得提醒自己放松，猫很慵懒，不管它是躺在地上晒太阳，还是躺在你怀里睡觉，猫都很会放松自己的身体，所以，当你找寻不到放松的方法时，不妨学学猫的动作。

2. 保持舒适的姿势

在工作中，身体保持舒适的姿势。尽管大部分的疲惫是由于心理或情感方面的原因，不过身体的紧张会让肩膀酸痛，因此而带来精神上的疲惫。

3. 保持自省的习惯

每天保持自我检查的习惯，至少 5 次，如问自己："我是否使用了与工作没有关系的肌肉？自己是否让工作变得比实际上更繁重？"养成自我检查的习惯，无异于养成自我放松的好习惯。正如大卫·哈罗·芬克博士所说："越深谙心理学的人，越能了解到习惯的重要性。"

4. 了解自己的疲惫状态

随时了解自己的疲惫状态，不是自己工作一天以后有多累，而是了解自己到底有多累。假如某一天之后感觉非常累，或者感觉精神特别差，就明白这一天不管是工作的质和量都有所欠缺。当一天结束的时候，问自己："我到底有多累？假如我感到劳累，这不是我过分忧虑的缘故，而是因为我自己做事的方法错了。"

5. 上床睡觉之前，计划好明天的事情

许多家庭主妇总感觉自己有做不完的家务，她们为此感到非常疲惫。在家里，她们好像永远有做不完的家务，时间总是不够用。对此，建议在前一天临睡前计划好第二天需要做的事情，这样或许能缓解家庭主妇的忧虑情绪。一旦她们这样去做了之后，就会发现自己依然可以完成许多家务，但是却感觉不到一丝的疲惫。甚至想到自己竟然完成了这么多的家务，感觉有些骄傲，当然，剩下的时间就可以好好休息或者梳妆打扮一下了。

小贴士

仅仅是脑力劳动不会让你疲劳。当大脑在工作时，血液通过人脑时丝毫没有感到疲惫的迹象。不过，当科学家对那些正在工作的人，从血管里抽出血液化验后，却发现里面含有许多疲劳毒素和疲劳产物。人们之所以会疲惫，那是因为大部分情感或心理的因素引起的。

你每天都在忙些什么

或许你是一个平凡的家庭主妇，每天在灶台与客厅忙碌着，几乎没有一点儿闲暇的时间。但事实上，时间依然可以像海绵里的水一样被挤出来。例如日本作家吉本芭娜娜先后出版 40 本小说和近 30 本随笔集，即便她有了孩子，依然坚持写作，每天与时间赛跑。为了争取多一点时间写作，她总是很拼命，有时甚至会站着吃饭。估计许多人看到这里会感到羞愧吧，比起吉本芭娜娜，许多人总是感慨自己时间不够、事情做不完，却从来不去利用那些零碎的时间。

犹太人洛克菲勒就是一位对工作异常勤奋的人。一天 24 个小时中，他的工作时间一般都在十五六个小时，超过了一天的大半时间。而有的时候，他甚至可以一天工作十八九个小时。有人给他计算下来，他的一生中平均每周工作 76 个小时，只休息很短的时间。经常是别人已经下班了，他还在勤奋地工作。他常常对别人说："如果你什么都不想干，那一天工作 8 个小时就可以了，可是如果你想干点什么，那么当别人下班的时候，正是你工作的时候。"别人问他："你怎么能一天工作 20 个小时？"他却说："一天工作 20 个小时怎么可以，我需要一天工作 48 个小时。"当人们看到他的时候，他总是在不停地忙于工作。于是凡是认识他的人都说洛克菲勒只有睡觉和吃饭的时候不谈工作，其余时间他都是泡在工作里。这位世界级的大富翁就是这样紧张而勤奋地工作着的，所以他才取得了举世瞩目的成就。

从来不说时间不够，保持勤勉的态度，是洛克菲勒成功的秘诀。洛克菲勒之所以能够获得成功，就在于他始终如一地重视时间，从来不以忙和没时间作为借口。在他的眼里，一天 24 小时都已经不够用了，他希望能在一天内工作更长的时间。只有善于管理时间的人才能够尝到胜利的果实，只有合理利用时间的人才能够得到命运的眷顾。所以，洛克菲勒用自己的实际行动证明了这样一个道理，如果你是一个合理利用时间的人，那么成功就已经离你不远了。

杰森·基德作为美国职业篮球协会 1994—1995 年赛季的最佳新秀，其成功的座右铭是——没有任何借口。

在杰森·基德小时候，他的父亲常常带着他去打保龄球。当时，基德打得不怎么好，不过他总会跟父亲解释自己为什么打得不好。这时父亲就严厉地告诉他："你别再为自己找借口了，这些不是你打得不好的理由，我能说出你打得不好的原因是没有时间练习。"从那时候起，基德就学会了不为自己找任何借口。即便成年后的基德，也总是竭尽所能地多练习，以此提高自己的技术。所以，每当达拉斯小牛队练完球，基德总是一个人留下继续练习投篮，当然，成功最终给了他最好的努力理由。

生活中很多小习惯、小细节，如总是为自己没有完成的事情找借口，将会是导致你是否成功的关键因素。而大部分的借口则是“我很忙”“我没时间”。失败是没有任何借口的，失败了就是失败了，我们在接受失败这个事实的同时，需要反省自己，而不是为失败寻找借口。当然，成功并不是那么随随便便轻易就达到的，我们必须付出艰辛的努力，在成功的道路上，我们要不断为之寻找理由，那些坚持、付出的汗水与艰辛都可以铸就最后的成功。

1. 时间总会有的

人们关于自己的未来总会有很多规划，但当他们未能完成时总向别人推诿：“我最近很忙，根本没有时间。”迟迟不见有行为，但是如果你想有所获得，有所成就，做哪一件事不会耗费时间呢？

2. 忙和没时间是借口

我们经常看到优秀者举手投足优雅，且写得一手好字，当你在羡慕对方的时候，是否想起对方为了培养仪态、练字又一个人度过了多少沉默时光呢？忙和没时间是最烂的借口，因为每个人的时间都是公平的，之所以会抱怨没时间，不过是因为你在其他事情上浪费了时间而已。

3. 努力与时间赛跑

财经作家吴晓波说：“每一件与众不同的绝世好东西，其实都是以无比寂寞的勤奋为前提的，要么是血，要么是汗，要么是大把大把的曼妙青春好时光。”如果人们倾力付出自己的努力，那早晚会从量变到质变，你现在每走的一个脚印，都会成为将来实现人生飞跃的跳板。人们总会订下许多计划，看书、运动、旅行等，不过常常因没有时间而不得不放弃。

小贴士

难道你的生活真的有那么忙吗？真相到底如何心知肚明，别总以忙和没时间作为借口，那不过是在为自己的懒惰找理由而已。你若坚持努力，一定会发光，因为时间是所向披靡的武器，聚沙成塔，将人生一切的不可能都变成可能。

思前想后，让你浪费很多时间

一头饿了的毛驴站在两堆草料中间，拥有富余食物的它在犹豫着，到底是吃哪一堆草料呢？它先是朝着左边走走，然后又觉得应该是右边，又朝着右边走几步，然后又觉得不对，还是去左边吧。就这样，它犹豫不决地在中间走来走去，浪费了很多时间，还没有等它做出最终的决定，它已经在两堆草料之间活活饿死了。

这个故事当然是有点夸张，可是，不要说人就不会做这样的傻事。因为人比毛驴聪明，思考能力强，在前思后想中，更容易犹豫不决、浪费时间、失去机会。在生活中，有不少人做事思前想后，顾虑太多，结果在犹豫不决中丧失了绝佳的机会，也失去了改变人生的机会。

安妮从小有一个梦想：大学毕业后，先去欧洲旅游一年，然后去纽约百老汇奋斗，在那里寻找自己的小天地。现在，安妮已经是哈佛大学艺术团的歌剧演员。

老师偶然听到了安妮的梦想，他当即说："为什么要等到毕业之后再去呢？你可以现在就出发。"安妮思索了一会儿，说："或许你是对的，大学生活并不会帮我争取到去百老汇工作的机会。不过，我决定一年之后再去。"老师感到疑惑："为什么要再等一年？你现在就可以去了。"安妮有点迟疑，说道："不然，我先等这学期学业结束之后再去吧，下学期就出发去百老汇。"老师紧紧追问："为什么要等下学期？你今天就可以启程出发去百老汇。"安妮看着老师的眼睛，相信他说的是对的，她当即表示下个月去百老汇。但是，老师似乎并不太满意，说：“为什么要再等一个月？现在就可以去。”安妮听到这样的话，内心激动不已，说：“不过我需要买一些东西，可能需要一个星期的准备时间。”老师笑着说：“你所需要的东西，我想在纽约这座城市完全可以买得到，所以你可以今天就出发。”安妮激动地点点头，说：“好，那我明天就启程去百老汇。”老师当即说：“这就对了，我已经为你预订了明天的机票。”

果然，第二天安妮就出发去了百老汇。当时，百老汇的制片人正在制作一部经典剧目，需要选拔新演员，只需要从许多应聘者中挑出10人左右，然后需要每个人按照剧本演绎一段主角的经典对白。安妮听闻这个消息之后，通过各种渠道从化妆师手里拿到了剧本，然后一个人躲在房间里练习。到了面试那一天，安妮即兴表演了一段剧目，由于她情感真诚、声情并茂，当即被制片人钦点为该剧目的主角。

安妮到纽约的第一天就顺利进入了百老汇，穿上了她人生中的第一双红舞鞋，她的梦想实现了，她成为百老汇的一名演员。当然，她很快就实现了自己的梦想，尽管之前的她是犹豫的，不过她依然抓住了时间——马上出发。在生活中许多追逐梦想的人，总是磨磨蹭蹭，前怕狼，后怕虎，结果硬生生地耽误了时间，错失良机。

为了商量如何对付猫吃老鼠这个问题，老鼠大王召集了众多成员开一次商讨大会。如何对付猫呢？面对这个问题，老鼠们各抒己见，有的出主意，有的提建议，但是，商讨了大半天，依然没有得出一个妥善的解决方法。

这时成员里号称最聪明的老鼠想出了一个妙计，他说：“在过去，我们与猫大战300个回合，却总是败在猫爪之下，这是为什么呢？毕竟猫的体积和功力在那里，若论单打独斗，我们只能失败。我觉得唯一能够解决的方法，就是不被他抓住。”其他老鼠面面相觑，问道：“这倒是个好方法，不过如何才能躲过猫的魔爪呢？”那只老鼠露出一丝狡黠的微笑，说：“其实，我们可以给猫的脖子上系一个铃铛，不管他去哪里，铃铛都会响起来，而我们只要听到铃铛响，就知道他出来了，然后就赶紧跑，自然就躲过了。”老鼠们听了，非常高兴，一致觉得这是个非常不错的主意。

老鼠大王听了也非常高兴，不过，应该由谁去给老鼠挂铃铛呢？这个好想法必须落到实处，才能避免自己的族员不被猫抓走。于是，老鼠大王当即问大家："那么，谁去给猫系铃铛呢？这可是一个艰巨而重要的任务。"大家你看我，我看你，但就是不发言。

老鼠大王看大家都不踊跃，也只有点兵点将了。当即指着机灵的小老鼠说："要不，你去吧，你最机灵了，这活儿非你莫属。"小老鼠一听给猫系铃铛，害怕得浑身发抖，当即请求大王："回大王，我虽然年轻，但是缺乏经验啊，我觉得无法胜任。"老鼠大王听了有理，当即对年纪稍大的老鼠发出命令："那么，我想你是其中最有经验的了，你就去吧。"那位年纪稍大的老鼠一听，忙摇头："哎呀，大王，我上有老、下有小，还等着我养活呢，再说我这老胳膊老腿的，怎么能担此重任呢。"老鼠大王一听也对啊，既然大家都没法担任这项工作，不如就派那个出主意的老鼠吧。正想着叫他呢，结果发现那位老鼠早溜得不见鼠影。

结果，好主意是想出来了，但是直到老鼠大王死时，也没有完成给猫系铃铛这项任务。

目标是否可以实现，关键在于及时行动。在任何一个领域里，不努力去行动的人，就不会获得成功。正所谓"说一尺不如行一寸"，任何希望、任何计划最终必然要落实到具体的行动中。

1. 及时行动

只有及时行动才可以缩短自己与目标之间的距离，也只有行动才能将梦想变为现实。如果你只是心里想想，而总是考虑其他的因素，错过了及时行动的机会，那将会后悔莫及。

2. 想得太多会把握不住机遇

人生有三大憾事：遇良师不学，遇良友不交，遇良机不握。很多人把握不住机遇，不是因为他们没有条件，没有胆识，而是他们考虑得太多，在患得患失间，机遇的列车在你这一站停靠了几分钟，又向下一站行驶了。

小贴士

现代社会充斥着激烈的竞争，机会可遇不可求，且稍纵即逝。如果一个人在做决定时总是优柔寡断、犹豫不决，那机会只能与你擦肩而过，将你抛在后面。

适时停止，人生才会加速前进

处于生活压力下的人每日都在拼命地劳作，虽然双休日时能够在家小睡个懒觉，但恐怕心也不会那么淡然。用持之以恒的精神拼搏、奋斗是人必须具备的一种品质，但并不意味着要一刻不停地奔波与忙碌。适可而止，会休息才会成长。只会向前猛冲，而不懂得减速缓行的人，在人生的某个弯道处，一定会冲出跑道，损失更多。停止是一种总结，是对过往的一种评价和分析。只懂得埋头向前，一味向目标奔波，也许你已经走在丢了西瓜捡芝麻的道路上。

懂得减速和停止，是人生的一种境界。一味地追求高速度和高效益，并不能达到预期的目标，反而会适得其反，用了多大的冲劲，就能招致多大的损伤。这是必然的，或许就是因为有了喘息的机会，才有足够的体力进行下一步的飞跃。有过登山经历的人都会有一样的体会，那就是：山很高，需要分好多步才能登顶，最关键其实就是在中途，一旦停不下来休息，那么就必然会在最接近终点的时候落下。

每个人看到雪时多数都会兴奋，当走入滑雪场开始滑雪时，最大的体会就是感受速度带来的刺激，但紧接着的一个问题就是如何更安稳地停止滑行。

如果你是初学滑雪，看着别人滑雪，肯定觉得非常容易。看起来滑雪就是从山顶一下子俯冲到山脚下，快速滑翔的快感应该就是这样产生的。但事实上是如此吗？并不是如此。没有人会那么顺利地一下子从山顶到山脚，在中途总会摔跟头，与其说滑到山脚，不如说滚到山脚。

有经验的滑雪者会告诉你："在滑雪过程中，应该掌握好怎么停止、怎么保持平衡。"也就是说，你需要在雪地上、斜坡上反复练习怎么停下来。不停地练习，直到你可以在任何雪地上停止、滑行、再停止。这时你才能轻松地滑雪，也敢于从山顶快速地朝着山下俯冲。因为在这时只要你想停下来，就可以马上停下来。

只要你能停下来，你就不会撞上树、撞上石头、撞上人。你就不会被撞死。因此，只有知道如何停止的人，才知道如何高速前进。

停止，并不意味着停滞不前，没有了目标与方向。这仅仅是你短暂的休息调整。学会停止不是意味着永远止步，而是积攒后劲以便更好地前进。学会停止也是一门艺术，当你学高飞时，你要不时回头看一眼，知道什么还是你需要继续学习的。

换一种角度，同时意味着你获得了另一种灵感与机缘。一阵子的忙碌与调整，机会很多，要改变的思路相应也有很多，那么停下来，以一种旁观者的角色去重新定位，重新武装，不失为大将之风范。

生活犹如爬山，你的周围是群山峰峦，有上坡就有下坡，上坡容易下坡难，这是众所周知的道理，为什么上坡大家都会一鼓作气地向前冲，或许中间不需要停下，但下坡就不是，如果你不懂得如何停止，那么你很可能摔得头破血流。

即使是平地亦是如此。平地的时候你就更需要停止，正因为你看不清楚前面的方向，你就更需要适时地停下，或休息调整或稳步前行，这是必备的。

不管是工作还是学习，适时调整自己是必需的，努力一阵子，短时间的工作，现在的社会已经是短时间效益的集合体。社会各种庞杂信息扑面而来，为我们提供了无穷尽的各种资源，创造了前所未有的各种机会，似乎没有足够的时间和精力去做每一件事情。这个时候我们就需要调整，需要适时地停下，这是我们必须具备的素质和要做的准备。

1. 学会总结，提高自己

在一段时间适时总结，你可以储备有用的信息，不至于在忙忙碌碌中让工作和生活没有重点，晕头转向。在总结中，你会看到自己工作和学习中的得失，评价方法选择和运用得是否合理，发现最值得以后做事用以借鉴的东西。在总结中可以培养与锻炼自己的思维方法、分析能力、辩证观点，实际上这是自我提高的好方法。正如哲人所说，总结一次，认识提高一次。

2. 重新确定前进的方向

懂得停止，是为了让自己跳出庐山，从更高的层次和视野看待自己，看待事情。人一味向前，就看不到脚下的陷阱，即使自己迷失在歧路上，也总感觉只要奔忙，很快就能到达目的地。殊不知，南辕北辙这样愚蠢的事也许你也在做着。

3. 适时停止，才懂得加速前进

停止是一种明智的取舍，看似放松前行的脚步，停止奔忙的步伐，甚至会让自己经历另一个停止——起步。但你要记住，没有舍弃，就没有获得，不愿停下来审视自己的人，永远也不能发现自己的缺点，实现自己的质变。

小贴士

在人生的路途上，懂得停止，从更高的境界理解事：学会停止也就是知道在该放下的时候放下，该拿起的时候重新拿起，暂时停下手里的工作，用心去聆听这个世界。

思维方式很重要，不然再忙也是瞎忙

人活于世，仅仅知道做什么是不够的，因为人的命运取决于做事的结果，而结果取决于做事的方法。做事持之以恒，有毅力，肯努力，这些都是优秀的品质。然而，方法比瞎忙更重要。抓不住事情的关键所在，只知道埋头干事的人，最后只能像贾先生一样，白费气力，最终也解决不了问题。

贾先生是一个喜欢帮忙却不喜欢动脑筋的人。有一次，他在走路时发现有个人正要将一块木板钉在树上当隔板，他乐于助人的心又被唤起了。他走过去，说："我觉得你应该先把木板头子锯掉再钉上去。"于是，他先去找来锯子，不过刚锯了两三下，又觉得锯子不够快，应该要磨一下。

他又转过头去找锉刀，但是锉刀缺少一个顺手的手柄，他又忙着去找手柄。没找到，不如自己做一个吧，他去灌木丛中寻找小树，正要砍树时发现斧头不够快。而磨斧头需要将磨石固定好，这又需要制作支撑磨石的木条。制作木条少不了木匠用的长凳，可这没有一套齐全的工具是不行的。于是，贾先生到村里去找他所需要的工具，然而这一走，就再也不见回来了。

每一个人都要努力做到：用脑去想，用心去做。学会思考，学会发现问题、解决问题，学会认认真真地做好每一件事。聪明地做事，好机会就会来到你的身边。大部分人都专注于他们的欲望，无所作为地工作，以至于没有时间来思考少花时间和精力的方法。缺乏思考能力和做事方法的人，他们往往事倍功半，费力不讨好。

某建筑公司为一栋大楼安装电线，很快就遭遇了难题。原来，他们需要把电线穿过砌在砖石里且拐了5个弯的一条20米长、直径3厘米的管道，这简直是不能完成的事情，怎么办呢？

一起工作的装修工非常聪明，总喜欢想一些奇妙的主意。他先到市场上买回来一公一母两只白鼠。然后，他将绑了电线的公鼠放在管子的一端，另一名工作人员把母鼠放在管子的另一端，然后轻轻地捏它，让母鼠发出叫声。在管子一端的公鼠听到母鼠的叫声，便会沿着管子去找它，这样绑在它身上的电线便会沿着管子穿好，等到公鼠和母鼠相见的时候，两根电线也很容易就连在一起了。

懂得思考，掌握方法，这是做事最关键的一点。身处于竞争激烈的社会中，同样一项工作任务，有的人可以十分轻松地完成，而有的人还没有开始就时不时出现这样或那样的问题。其中的关键，就在于前者用大脑在工作，想方设法去解决问题。只有在工作中主动想办法解决困难、问题的人，才能成为公司中最受欢迎的人。

在生活中，我们不可能总是一帆风顺的，当遇到难题的时候，绝对不应该一味下蛮力去干，要多动些脑筋，看看自己努力的方向、做事的方法是不是正确。

从前有一个人，家里十分贫穷，吃不饱，穿不暖，他给国王做了多年的奴工，累得疲惫不堪。国王看见他太可怜，就将一峰死骆驼赏赐给他。得到国王赏赐的东西，他非常激动，很久没有开过洋荤了，想马上品尝肉的滋味。他先是动手给骆驼剥皮，但是家里的刀子太钝，他又去找磨刀石磨刀，终于在楼上找到一块。他先是在楼上磨刀，然后下楼来割皮。就这样反复上楼下楼，来回磨刀，来回割皮。

他感到实在太累了，他不想再这样一次又一次地反复楼上楼下跑。他决定将骆驼吊到楼上去，这样可以在楼上磨刀，就近剥皮。但是，楼梯太窄，不管他怎么使劲，依然不能成功地将骆驼搬运上去。

看完这个故事，有人会讥笑这个奴工，认为他头脑愚钝，不懂变通。然而，他不也是生活中许多人的真实写照吗？从小到大，在我们的美德中，努力与坚持都占据重要的位置。我们无一例外地被教导过，做事情要有恒心和毅力。“只要努力，再努力，就可以达到目的。”这样的观念根深蒂固地存在于某些人的头脑里。

1. 思维很重要

对于现实中的人来说，在学习和工作中，努力是好事情，但是光努力是不够的，还要多动脑、多思考，这样才能真正做出成绩。要善于观察、学习和总结，仅仅靠一味地苦干，只埋头拉车而不抬头看路，结果常常是原地踏步，明天将仍旧重复昨天和今天的故事。

2. 先找对方法

一个人如果按照这样的准则做事，就常常会不断地遇到挫折和产生负疚感。由于“不惜代价，坚持到底”这一教条的原因，那些中途放弃的人就常常被认为“半途而废”，那些另寻出路的人，也常被人称作逃兵。

小贴士

人活于世，仅仅知道做什么是不够的，因为人的命运取决于做事的结果，而结果取决于做事的方法。不掌握正确的做事方法，往往也是做无用功。正确的方法比执着的态度更重要。调整思维，尽可能用简便的方式达到目标，选择用简易的方式做事，这是聪明人做事的方法。

第02章

Time 时间

高效率，真正决定的是做事的速度

提高时间的利用率，在于做事的速度。真正的高效率指的是能够在短时间内完成有意义事情，而不是忙忙碌碌效果甚微。养成良好的习惯，善于管理时间和精力，这样就会在固定时间内做更多有意义的事情。

奥卡姆定律，简约的做事风格

在小说《安娜·卡列尼娜》中有这样一句话："安娜卡列尼娜以一袭简洁的黑长裙在华贵的晚宴上亮相，惊艳无比，令周遭的妖娆粉黛颜色尽失。"有时候，繁复的装扮远不及简洁的魅力，这体现的就是"奥卡姆剃刀定律"。这个定律是14世纪英格兰圣方济各会修士威廉提出来的一个原理，他说："如无必要，勿增实体。"其含义就是：只承认一个个确实存在的东西，凡干扰这一具体存在的空洞的普遍性概念都是无用的累赘和废话，应当一律取消。这个看似有点偏激独断的思维方式，被人们称为"奥卡姆剃刀定律"。该定律的出发点是：大自然不做任何多余的事。

如果你有两个原理，它们都能解释到观测到的事实，那么你应该使用简单的那个，直到发现更多的证据。对于现象最简单的解释往往比复杂的解释更正确；如果你有两个类似的解决方案，选择最简单、需要最少假设的解释最有可能是正确的。当然，奥卡姆剃刀定律告诉我们：应该把一些烦琐累赘一刀砍掉，让事情保持简单。

在工作中，我们常常发现，简约的行事风格更能彰显自我力量，而对于我们所做的事情有很好的促进作用。有的人做事拖沓，明明是一个小时能完成的任务，他却硬是花了整整一天，如此拖沓而繁重的行事风格，会让人对你的工作能力产生质疑，进而对你之前所做出的良好评价也会大打折扣。

在办公室里，小王的办事风格是出了名的，上司曾在公司大会上当众夸奖他："小王，你那简约的行事风格是我们公司所需要的。"对于同样一件事情，他总能够卸去繁重的部分，而找到最简洁的方法。对此，同事常常感到奇怪："你是怎么做到的？"小王举了这样一个例子："下班后，我经常去钓鱼，每次都增加一些小东西，比如剪刀啦，装鱼料的小胶瓶啦，新购置的鱼网袋啊，小折叠凳啊，前不久，我还想去买个钓鱼箱。可是，钓鱼的装备越来越多，也越来越重，从最开始的一个背袋，增加到一个背袋、手提袋。等我到了钓鱼的地方，发现我已经承受不住重量了。于是，我开始减少自己所带的东西，最后，只剩下每次都能用得上的一个背袋渔具，如此，我也轻松多了，每次钓鱼都能够乘兴而归。"说完，小王又补充了一句："这让我明白了，复杂的事情往往可以用最简单的途径解决。"

"如无必要，勿增实体"所告诉我们的是：许多事情就如同一棵大树，要把握主干，应该将无用的枝叶都砍掉。把事物变复杂很简单，把事情变简单却很复杂。我们在处理事情的时候，需要把握事情的主要实质，把握主流，解决最根本的问题，特别是要顺应自然，不要把事情人为地复杂化，只有这样，才能将事情处理好。

在奥卡姆剃刀定律提出之时，人们把它当作异端邪说，但现在，它越来越多地被应用到企业管理、实际生活中。美国最大的证券网站 etrade com 曾成功地运用了一次"奥卡姆剃刀定律"，它推出了一次惊世骇俗的品牌推广活动："踢开你的经纪人。"简洁的语言，一下子便引起了人们的共鸣。而美国另一家公司则推出了这样一个广告：身穿白色制服的"服务小队"成员像圣诞老人一样从壁炉中钻出，从天而降，为顾客及时递送日常用品。如此的广告不仅承诺很到位，而且，很好地突出了时间的主题，剔除了一切无用的废话，自然在市场上收到了空前的效果。

那么，在日常工作中，我们如何才能保持简约的行事风格呢？

1. 努力做好准备工作

在新的一天开始之前，我们应尽可能地把第二天所需要的东西在前一天晚上准备好。在准备的过程中，我们可以适当将那些烦琐的程序省略掉，而致力于寻找出最简洁的方法。这样一来，在第二天则能很好地完成工作任务。

2. 学会说“不”

许多人总是抱怨：“为什么我一天总是干不了几件事情？”有时候，之所以会形成这样的结果，是因为我们不善于去拒绝，每每身边的人要求我们去做一些事情，而这些事情又是无关紧要时，我们则会应承下来。但是，这样一来，无形之中为我们增加了不少麻烦，所以，在生活中，要学会拒绝，尤其是那些无关紧要的事情，这样，我们才有精力将事情做得更简洁一些。

小贴士

为了更好、更快地办成自己想办的事情，我们应该抛却一切繁重而累赘的程序，以最简洁的方法解决问题。在这个过程中，不仅有助于我们早日办成事，而且还会给身边的人留下很好的印象。

蚁群效应，简化做事流程

蚂蚁的世界一直是人类学与社会学者所关注的，其组织体系和快速灵活的运转能力一直是人类学习的榜样。其实，蚂蚁有严格的组织分工和由此形成的组织框架，不过它们的组织框架在具体的工作情景中有很大的弹性，如它们在工作场合的自组织能力特别强，不需要任何领导人的监督就可以形成一个很好的团队，然后有条不紊地完成工作任务。

蚂蚁做事非常讲流程，而且它们对流程的认识是直接指向于工作效率。例如，当一只蚂蚁发现食物之后，假如有两只蚂蚁，它们会分别走两条路线回到巢穴，边走边释放出一种它们自己才能识别的化学激素做记号，先回到巢穴者会释放更重的气味，这样同伴就会走最近的路线去搬运食物。而且它们做事有分工，且是有弹性的。一只蚂蚁搬食物往回走时，遇到下一只蚂蚁，会把食物交给它，自己再回头；如果遇到上游的蚂蚁，会将食物接过来，再交给下一只蚂蚁。蚂蚁在哪个位置换手不一定，唯一固定的是起始点和目的地。

蚁群效应，在工作中可以大大提高效率，减少工作流程。

一家大型零售连锁店的物流仓储中心是这样工作的，由于仓储中心用区域方式捡货，假如上一个没有结束，下一个只能等着。当然，每个人的工作速度都有区别，毕竟仓储中心的商品品种繁多，哪怕一个人对不同商品的工作捡货速度也有显著差异。不过，这样老式的工作流程，总会造成有人在等待别人工作结束之后的情况。

如何改善这种情况？经过研究，他们决定把工作速度较快的员工放在最末端，将工作速度稍慢的人放在最上游，以蚂蚁模式提高整体效率。这样一来，不会存在一个人不停捡出商品，一直到下游有空来接手工作才回过头去接上面的人的工作情况，整个生产效率大大提升，相比之前提高了30%。

在团队工作的情景中保持较高的工作效率，最关键的是要解决工作链上的脱节和延迟，不同岗位之间的替补与支持正是解决这一问题的有效方式。从工效学角度来看，人类的工作过程都可能存在多余缓解，提高工作效率的一个重要途径就是如何去发现和减掉那些多余环节。

现在，许多企业不断壮大，分公司、办事处、机构遍布全国各地，从董事长到总经理，再到业务项目模块，最后到一线员工，每个环节的管理基本上都有计划、执行、检查以及反馈。这些环节层层相连就形成了企业自己的流程审批链。但是，传统的流程审批链比较烦琐复杂。

一个公司的做事流程总是繁复而琐碎的，如总部领导是公司业务项目的总指挥者，他命令公司办事处经理需要在特定时间内完成工作。办事处经理接到任务之后，便交给部门经理，部门经理又交给业务团队成员，一直将任务传达至最底层。

业务团队开始到全国各地跑业务，完成以后以 Word 文档、PPT 等形式向部门经理汇报工作情况，部门经理通过电话、短信、微信等方式进行回复、修正，最后向办事处经理汇报，办事处经理又向总部领导汇报。

之后，总部领导发现问题，又得向下级逐一指出。整个工作流程就这样重复往返着。

从这里不难看出，决策层是大脑，执行层是手足，假如手足与大脑的沟通中出现中断，时间线就会被拉得很长，在时间就是金钱的现代社会，这种方式不仅降低企业的工作效率，而且影响企业的发展。

1. 简化会议记录

每个公司都是大会、小会不断，好像公司就是为了会议而产生的。会议记录就成了不可或缺的，其实有很多的记录内容都是无用的，如领导再三强调的事情，这样的记录就是浪费阅读者的时间，可以简化到记录人、时、事、地。

2. 别总转接电话

假如你的工作总是在等待转接电话，不管是对于自己还是转接的人，都是一种精力和时间的消耗。所以，尽可能知道对方的分机号码。

3. 使用小黑板

使用小黑板，虽然现在电子邮件、电子文档很普及，但是这些东西也往往容易被忽视。所以，一些信息你可以写在黑板上，比如：“明天下午 2：30 开会，请各位准时参加。”

小贴士

做事的流程必须是为了某个目的，必须是为了实现某个目的更简便、更低成本、更快捷，假如因为流程反而使做事遇到阻碍，就有必要分析这个流程是否有存在的价值或者是否需要进一步调整了。

收拾好办公桌，建立良好的工作秩序

假如你的办公桌堆满了信件、报告、备忘录之类的东西，那杂乱的场景会令人产生混乱、紧张和焦虑的感觉。而且，如小山般的文件，会让人产生错觉：还有一大堆工作等着我去做，但是我已经没多少时间了。而且时间长了，这种情绪还会促使人患上高血压、心脏病和胃溃疡。

假如你有幸去华盛顿的国会图书馆参观，那你会发现天花板上有 7 个大字——天堂第一律——秩序。这句话出自诗人蒲柏，秩序，当然需要秩序，当然，并非做生意需要秩序。其实，假如你的办公桌经常堆满了文件，那你是否发现过，那上面已经有几个星期没有阅读过的报纸。其实，假如你翻一翻那堆东西，就会有所发现，比如一家新奥尔良报纸的某位发行人，曾经让秘书帮助他收拾了一下桌子，结果竟然翻出了两年以来一直找不到的打字机。

王先生是一家大公司的高级主管，他的两个办公室摆放了三个办公桌，上面堆满了永远做不完的工作。打开书桌的抽屉，里面全是没有完成的文件，还有一些旧报纸和杂志。由于整个办公室都是堆满的文件，让他感觉一进办公室就有一种焦虑，更别说工作了。

李医生是一位心理医生，平时最喜欢收拾办公桌，将自己的办公桌收拾得干干净净。他办公桌的抽屉除了办公用品以外，基本上全部是空的。在办公室，他从来没有未完成的文件，因为差不多全部完成了。即便是没来得及回复的邮件，李医生也会将回信口述给秘书。他的工作原则是没回复的信绝不会放在办公桌上。

有一次，王先生因工作焦虑问题走进了李医生的办公室，不过，当王先生想要讲述自己病情的时候，李医生的电话响了。这是一个来自医院的电话，李医生没有拖延马上就做了决定，他总是喜欢当场解决问题。结果李医生刚挂完电话，电话又响了。李医生不得不拿起电话，这次又是需要时间解决的紧急情况。终于解决完了，李医生开始与王先生打招呼，结果，他们的谈话第三次被打断，原来是李医生的同事进来请教有关一个病危病人的情况。当李医生处理完事情的时候，回头向王先生表示抱歉，结果李医生惊奇地发现王先生的表情舒展开了，好像变得开心了。

王先生当即表示："不用感到不好意思，李医生，在我刚刚进来的10分钟里，我已经搞清楚自己究竟是哪里出现了问题。或许，我需要学习你的工作习惯，然后就可以减轻工作上的焦虑，不过我现在可以参观一下你的办公室吗？"李医生当即回答："当然可以，你请便。"

告别李医生之后，王先生重新整理了办公室，收拾了旧报纸和杂志，只剩下一个办公桌。每当有工作来了就马上处理，从此再也没有堆积那么多令自己紧张和忧虑的文件了。最令人意外的是，王先生发现自己已经痊愈了，他的健康已经完全康复了。

约翰·斯托克是宾夕法尼亚州立大学医学院的教授，他曾经在全美医学会上宣读过一篇论文，题目叫作《神经官能症——感官疾病并发症》。在这篇文章中，斯托克在一项"病人心理状况研究"题目下列出11种情况，第一种就是"绝对必须与义务的感觉，好像必须做的事情永远做不完"。其实，当你办公桌上堆满了无数的文件之后，你就会有一种做不完又必须做的感觉。

1. 清理不需要的东西

将办公桌所有与正在做的工作无关的东西清理出来，放在抽屉里或档案袋里，然后把正在做的工作资料放在桌子中间，以便提醒自己专注于做一件事。

2. 小文具收进抽屉

办公室总会有笔、剪刀、胶布等一些小文具，这些小东西不管摆得多整体，但每次拿来用之后，办公室桌面就会凌乱起来，所以把那些小文具收进抽屉，或统一收纳，既保持整齐，又方便拿取。

3. 利用好便利贴

各种小纸片是办公桌的噩梦，许多便利贴，一不小心就有可能将需要做的事情忘了。经常清理检查便利贴，将已做好的便利贴扔进垃圾桶，把重点需要做的放在醒目位置，别让凌乱有可乘之机，同时提醒自己别忘了。

4. 集中处理，分类收纳

在公司里，各种文件、方案总是少不了的，这个时候就需要一个文件盒来收纳重要的文件了。文件盒能够帮你把各种体积较大的文件分门别类，归纳整齐了，找的时候会让你省心很多。

小贴士

西北铁路公司总裁威廉斯曾说：“桌子上收拾得整齐干净的人，远比堆满各种文件的人更轻松有效地工作，这是通往效率的首要步骤。”当你的办公桌收拾得干干净净的时候，那你就会发现自己的工作更容易处理，当然也更有头绪。

高效率是以正确的方式做事

时间观念的改变，会使一个人的生活更丰富、更充实，在管理时间、利用时间的过程中，你的做事效率必定也会有一个很大的提升。时间对于每一个人来说，都是无法挽留的，它就像东逝之水，一去不复返。当一天结束时，时间不会留作明天待用。一个有所作为的人，必须学会有效地安排时间，有效地利用时间，更为重要的是优化自己的时间观念，提升自己的做事效率。

高效率意味着高投入，没有投入就没有产出，低投入只能带来低产出。对大脑的投资是一种决定命运的投资，只能以最大最优先的投入对待。对大脑的投资也是一种产生最大效率和最大收益的投资，永远不会亏本。明白了这个道理，你才能拥有正确的时间观念，才会有获得财富和社会地位的能力。你才能获得比别人更高的效率，你才能跑在赛道的最前面。

生活中，时间是如何被花掉的呢？比如一位老年人花了一整天的时间，只是给侄女寄一张明信片：她需要花一个小时找到明信片，然后再花一个小时找眼镜，然后花半个小时查地址，花一个半小时写明信片，花 20 分钟考虑去寄信要不要带伞。或许，一个正常的人只需要花 3 分钟做完的事情，却让一个老年人花了一整天，而且在整个过程中很疲惫，又犹豫不决。

诺斯古德·帕金森是英国著名的历史学家，他在分析了为何“大型组织大而无当，毫无生气”时，指出：“事情增加是为了填满完成工作所剩的多余时间。”这个定律告诉我们，工作效率低，是因为我们给了这个工作太多的时间。

帕金森得出结论：“做一份工作所需要的资源，与工作本身并没有太大的关系，一件事情膨胀出来的重要性和复杂性，与完成这件事花的时间成正比。”换句话说，给自己很多时间做一件事，不一定能提高工作的效率。时间多反而越容易使人懒散，缺乏动力，效率低。一个学生平均成绩一直较低，家长只好让他修学分最低的功课。儿童心理学家却建议这个学生多修一些课。结果出乎大家意料，这个学生多修课后，所有功课成绩不降反升。事实上，这个学生要做的就是打起精神，提高学习效率。

我们常说，观念决定思路，思路决定出路。对待一件事情，一堆事情，一天的事情，甚至是更为长远的规划，能做到像帕金森那样对利用时间、提高效率有如此清晰的认识，你投资大脑的工作就取得了卓越的成效，你将取得可喜的转变。

成功的优势是：知识和能力上很小的一点差距就能够带来迥然不同的结果。在其中，对于时间观念的正确认识，对于做事效率的掌控是人与人之间能力和知识差别的重点。投资大脑，为未来准备知识，知识和经验能使你在新的形势中迅速找出规律，你找出规律越多，你的效率提升越快，你在各种情况下做出抉择、采取行动的速度就越快，你的时间也就节省得越多，这就会使你迅速走入成功者的行列。

1. 改变不良习惯

一些成功的企业家告诫年轻人，有什么样的思想观念，就有什么样的工作效果。不断地更新观念，不断分析自己、认识自己、提高自己，才能改变不执行和浪费时间的不良习惯，提高整个企业的运转效率，自动自发地做好本职工作。

2. 找到提高效率的方法

在这个世界上，做同一种工作的人不计其数，做同一种工作的方法更是数不胜数，其中不乏效率高的方法。这就需要自己去寻找、去借鉴。在这个追求高效率的社会里，抓不住效率的绳索，就会被高效率的机器甩出十万八千里。没有效率意味着死亡。不投资大脑也就意味着没有效率。

3. 具备执行力

提高做事效率，其中重要的一项是提高执行力。要提高执行力就要做到加强学习，更新观念。日常工作中，我们在执行某项任务时，总会遇到一些问题。而对待问题有两种选择。一种是不怕问题，想方设法解决问题，千方百计消灭问题，结果是圆满完成任务；一种是面对问题，一筹莫展，不思进取，结果是问题依然存在，任务也不会完成。反思对待问题的两种选择和两种结果，我们会不由自主地问道，同样一项工作，为什么有的人能够做得很好，有的人却做不到呢？关键是一个思想观念认识和对待时间的态度。

小贴士

萧伯纳说，“世界上只有两种物质：高效率和低效率；世界上只有两种人：高效率的人和低效率的人。”如果你不想做一个低效率的人，你就需要获得比别人更多的知识、方法和思维。只有当你找到了世界上最有效率的方法时，你才能赢得世界的尊重和梦寐以求的财富。

精益求精，力求尽善尽美

一个人或是一个企业，无论是做人、做事、做产品一定要做到精益求精，好的同时还要求更好，只有这样机遇才可能垂青于你，成功才可能离你越来越近。一个人做自己要做的事应该有这样的态度：要么不做，要做就做到最好。对成功的期盼来自四个字——精益求精，这就是渴望取得成功这一心理的根源所在。正如温斯顿·丘吉尔曾说：“唯尽善尽美者为上。”

尽管我们不能把每件事情做到尽善尽美，但在做事的过程中一定要精益求精。做事精益求精，不但能够提高自己成功的概率，还可以使自己的才能迅速获得进步，学识日渐充实，最终提升自己的人生品位。虽然我们只是普通人，但我们要站得更高一些。这样，人生的视野才会更开阔，才会树立起大局意识，遇事便能够站在理性的角度去考虑，从而把事情做得更好。

你竭尽全力了吗？这句话成为卡特总统一生的座右铭，正因为他每件事都竭尽全力，所以后来成了美国总统。

在卡特 24 岁时，他还是一名海军军官，当时他被应召去见海曼·李科弗将军。尽管在正式谈话之前，李科弗将军让卡特可以随意选择愿意谈论的话题，而卡特选择了自己擅长的话题，不过李将军的提问依然把卡特问倒了，他感觉直冒冷汗。

即将结束谈话时，李科弗将军问道："你在海军学校的学习成果怎么样？"卡特马上有些自豪地说："将军，我们一个班 820 人，我名列 59 名。"李科弗将军皱了皱眉，问："为什么你不是第一名呢，你确定你竭尽全力了吗？"

卡特终于开始明白：自己认为懂得了很多东西，其实还远远不够。

在成为优秀者之前，你只能把事情做得很好，只有成为优秀者，你才会把事情做得更好，一个人不经过优秀的历练是成不了大才的，这是一条真理。一个平庸的人永远不会把事情做到最好。而一个人若只用平庸的标准来要求自己，却又想名垂千古——这不是痴心妄想吗？世上最有成功希望的人，无不有着勤劳自信、精益求精的可贵品质。在做任何事情的时候，如果养成了马马虎虎的习惯，那么所有的能力、天分、智慧、独创力都很难发挥作用，并且还可能因此而逐渐消失。做事严谨、精益求精的人，不管走到何处，做什么事情，都能受到别人欢迎。

一件精美的玉器，就是雕琢玉器的人的品牌。顾客拿到这件精美的玉器，就会联想起雕琢者精益求精的工作态度。此时，顾客“爱屋及乌”，就会由对精美玉器的喜爱转移到对雕琢者的崇敬。你也许并不经营商店，但出自你手的每一个零件、每一首诗、每一个方案，都是你的“商品”。你不应该容忍在自己伟大的生命织锦中，存在低劣易断的丝线。你所做的一切都应该代表着优秀，代表着卓越，应该让所有的人知道，你的作品不是漫不经心的潦草之作，而是完美的杰作——无论是你自己还是别人，都不可能做到比这更出色了。

不管从事哪种职业，你都应该尽心尽责，尽自己的最大努力，求得不断的进步。换句话说，尽善尽美应该成为我们孜孜以求的目标。只有这样，追求完美的念头才会在我们的头脑中变得根深蒂固，在人生的各个方面体现出来。

拥有超过20年足球生涯的贝利被誉为“世界球王”，他曾参加过1364场比赛，一共踢进1282个球，并创下了一个人在一场比赛中踢进8个球的纪录。

卓越的球技为他赢得了无数的粉丝，哪怕球场上的对手也向他竖起大拇指。事实上，贝利不仅球技很好，而且对自身要求相当高。

就在贝利进球记录达到1000个时，有记者提问：“在你过去20多年的足球生涯中，哪个球踢得最好？”贝利笑着回答说：“应该是下一个。”正因为对自己有很高的要求，所以，他才成为了球王。

尚可的工作表现人人都可以做到，只有不满足于平庸，才能追求最好，才能成为不可或缺的人物。没有人可以做到完美无缺，但是，当你不断增强自己的力量、不断提升自己的时候，你对自己要求的标准会越来越高，这本身就是一种收获。

1. 做事认真、迅速周到

你随便去问一位雇主，他们都会告诉你，如果他要提拔一名员工，他肯定会挑选做事认真、迅速周到的人。他们绝不会看中那些拖拉懒惰的人。人类的历史，充满了因为苟且与不小心所造成的种种悲剧。失败的最大祸根，就是从小养成敷衍了事的习惯，而成功的最好方法，就是把任何事情都做得精益求精、尽善尽美，让自己经手的每一件事都贴上“卓越”的标签。

2. 追求卓越

追求卓越像是一块坚强厚重的磨石，它会砥砺你，把你的工作带到最完美的境界。也许十全十美永远难以企及，但是，只要你是在不停地追求，你就不会在原来的起点踏步。超越平庸，接近完美。这是一句值得每个人铭记一生的格言。有无数人因为养成了轻视工作、马马虎虎的习惯，以及对手头工作敷衍了事的态度，终致一生处于社会底层，不能出类拔萃。

3. 以高标准要求自己

从平庸到优秀只有一步之遥，但有的人终其一生也无法跨越。只有当你选择了如何优秀，你才能做到如何卓越。有了尽最大的努力把事情做好的志向，不断对自己提出严格的高标准，你就会赢得别人的尊敬，做出令人吃惊的成绩。

小贴士

不论你从事何种职业，都要做到尽心尽责，要尽自己的最大努力去使自己不断进步。只有这样，追求完美的念头才会在我们的头脑中变得根深蒂固。

一次把事情做好，避免返工和重复

生活中，人们在各行各业里谋生存，每个人都有自己的工作职责及标准，如军人的职责是保家卫国，老师的职责是教诲子弟，因为每个人所处的具体位置不一样，所以他们的工作职责也有所差异。但事实上，即便处于不同的工作职位，但领导对其希望无一例外都是——一次性把事情做好。

海尔集团总裁张瑞敏曾说："假如让一个日本人每天擦六遍桌子，他一定会始终如一地做下去；而如果是一个中国人，一开始他会按要求擦六遍，慢慢地就会觉得五遍、四遍也可以，最后索性不擦了。"日常工作中，大部分人做事的缺点就是工作不仔细、做得不到位，每天工作不是一次性做好。

有一次，耶稣与门徒彼得一起远行跋涉，在行走的路途中，他们发现了一块破旧的马蹄铁。耶稣说："彼得，将这块铁捡起来吧。"不过，彼得却装作没听见，一直往前走了，因为他不想弯腰。耶稣见了，一句话没说，自己弯腰捡起了马蹄铁，后来用这块铁换了3文钱，然后又用这钱买了18颗樱桃。

耶稣和彼得继续前行，他们走入了一片苍茫的荒野。由于天气比较干燥，身体又很疲惫，彼得感到非常口渴。耶稣看见了，走在彼得前面，故意让藏在袖子里的樱桃不小心掉出一颗，后面的彼得看见了，弯腰下去捡起樱桃吃掉。耶稣一边走一边丢完了18颗樱桃，后面的彼得弯腰了18次。

这时，耶稣回过头对彼得说："当初你弯一次腰，就不会有后来没完没了的弯腰了。"

如果一次性把事情做到位，那在后面的工作中就可以省去许多不必要的麻烦，这样工作也将更加有效率。许多工作多年的人都有这样的经历：常常为了早点结束工作，迅速地将事情做完，并没有过多地考虑细节问题，最后不得不重新再做一遍。如此一来，有时候我们浪费的并非只是别人的时间，还有自己的时间，而原因就在于没有将工作做到位。

一次性不做好事情不但会给自己带来麻烦，还会给别人带来麻烦，甚至有可能给领导带来麻烦。对于公司安排的工作，如果你没去做，那领导就会去做；如果你没把事情一次性做好，那领导就会帮你收拾烂摊子。当工作没做到位，就会花时间去补充、修正。这样一来，不但浪费自己的时间，还会占用别人的时间，所以最好尽力把工作一次性做到位。

张军和李东是好朋友，他们同时应聘到一家大卖场，拿着差不多的薪水。一年以后，张军升职加薪，李东却依然是一个小业务员。李东觉得很奇怪，为什么张军如此深得老板的信任呢？原来，这源于一次老板的现场考试。

老板先是吩咐李东："你现在去农贸市场看一下，看看今天早上有卖白菜的吗？"李东兴冲冲地去了，一会儿回来告诉老板："有两个农民拉了一车白菜在卖。"老板问："那大概有多少斤呢？"李东一拍头，说："哎呀，忘记问了，我再去问一下。"然后又风风火火地跑去了，回来告诉老板："有 100 斤白菜。"老板问："那价格呢，你问了吗？"满头大汗的李东很委屈："可是你并没有吩咐我询问价格呢。"老板让李东先去忙了，又叫了张军过来。

老板吩咐张军："你去附近的农贸市场看一下，今天有人卖白菜没？"过了一阵子，张军从农贸市场回来了，他向老板汇报说："今天农贸市场有两个农民在卖白菜，一共有 100 斤，价格是 8 毛一斤，我顺便看了一下，白菜很新鲜，是才从地里摘回来的，价格也比较合适，我还带了一颗回来给您看看。"张军边说着边拿出一颗新鲜的白菜，然后说："我想这么新鲜的白菜应该不错，而且根据以往卖场的销量，这 100 斤白菜可以在 3 天之内就销售完。如果我们全部买下，这肯定还有不少优惠。所以，我把那两个农民也带来了，他们正在外面等着我回话呢。"

就这样，张军因为懂得一次性把事情做好，所以成为老板提拔的对象。

一次性把事情做好，不仅仅在于按照领导的吩咐去做事，还在于你积极主动地寻求做事的诀窍。如果领导只吩咐你询问价格，那你就真的只做这件事，而不顺带将其他情况一并问清楚，等到领导追问事情的进展时，你只会哑口无言。

许多人认为，没有必要把身边每一件事都做得完美，人生在世总会遇到很多事情，谁能保证每一件事都能做好呢？但是，如果做一件事，那就一次把事情做好。人们总有一种认识误区，所以他们在做事时该糊弄就糊弄，得过且过。

当决定一次性将事情做好，思想有了共识，那前进就有了动力和方向。假如总是能够把该做的事做好，那每件事就有成功的希望。努力把手头的每件事“一次性就要做好”，因为在很多情况下，假如第一次没有做好，那可能就没有第二次机会了。

1. 有责任心

李冰父子率众修建水利工程都江堰，世世代代泽被川西。当时并没有很好的技术，但他们“居之无倦，行之以忠”，以竹笼装石、鱼嘴分流、宝瓶引水做好水利工程，至今仍然坚固。这就是因为责任心。

2. 用心专一

爱迪生在 15 个月不做别的事，一心一意发明电灯，前后试验了 1600 多种材料，尝试了几百种设计方法，终于点亮真正有广泛应用价值的白炽灯。尽管爱迪生这“一次”的发明时间长了些，挫折多了些，但他还是把事情做好了。只要用心专一，再困难的事情都能做好。

3. 必须有能力

必须要有能力。“工欲善其事，必先利其器”，没有能力，再有责任心，再用心专一，至多是把事情做完，而不会把事情做好。

4. 良好的做事习惯

拥有良好素养的人，做事往往会马到成功，而做事的素养首先建立在拥有良好的做事习惯上。要想一次就把事情做好，离不开严谨的做事习惯，如果这种习惯能够变成一种自然的素养则更好。

小贴士

一些人自己做事总是差不多就行了，而且他们还看不惯认真工作的同事。当同事正在努力思考问题、解决方法的时候，他却泼冷水："差不多就行了，何必那么认真呢？"其实，人生就最怕"认真"二字，只要认真了，事情往往就成了。

第03章

分配力，合理安排让时间最大化利用

时间管理的重点不在于管理时间，而在于如何分配时间。分配每一个时间段应该做的时间，合理的安排会让时间最大化利用。尽管你永远没有时间做每件事，但你永远有时间做对自己来说最重要的事。

二八定律，先解决最重要的事

1897 年，意大利经济学家帕累托从大量具体的事实中发现：社会上 20% 的人占有 80% 的社会财富，即财富在人口中的分配是不平衡的。所以，二八定律成了许多不平衡关系的简称。一个人的时间和精力都是十分有限的，若想真正“做好每一件事情”几乎是不可能的，要学会合理分配时间和精力。

时间观念的改变，会使一个人的生活更丰富、更充实，在管理时间、利用时间的过程中，你的做事效率必定也会有一个很大的提升。

全美市务公司的创办人亨瑞·杜哈提说：“不管我出多少钱的薪水，都不可能找到一个具有两种能力的人，这两种能力是，第一，能思想；第二，能按事情的重要次序来做事。”根据这么多年的经验，我意识到永远按照事物的重要性做事并非那么容易。但是，假如制订好计划，先做计划上的第一件事，那绝对比你随便做什么事情要有效果得多。

查尔斯·卢克曼成功的秘密，在于他兼具亨瑞·杜哈提所说的几乎不可能同时具备的两种能力。从卢克曼记事开始，他每天早上 5 点钟起床，因为在那个时间段他的头脑比其他时间都清楚。这样一来，卢克曼可以比较准确地计划一天的工作，按照事情的重要程度来安排做事的先后顺序。

就这样，卢克曼最终在 12 年里由一个初出茅庐的小伙子，一跃成为派索登公司的总裁，年薪 10 万美元，此外还有 100 万美元的进账。

萧伯纳也曾经拟订了计划，每天写作至少5页，即便是在最贫穷的那段日子，他依然坚持完成每天5页的工作量，就这样他写了9年，尽管9年里，他只赚到了30美元，大约每天赚了1美分。不过他却成为举世闻名的戏剧家，假如他不是按照事情的重要程度来安排做事的先后顺序，那他估计只会成为银行出纳而非戏剧家。

富兰克林·白吉尔也是因为坚守这个良好的习惯，所以赢得了成功。他堪称美国最成功的保险推销员之一，他不会像卢克曼一样早晨5点才计划自己当天的工作，他往往会提前一天就计划好，甚至他为自己订下一个目标——每天卖掉多少保险。假如这个目标没有完成，那差额就累积到第二天，就这样以此类推。

美国钢铁公司前董事豪厄尔，曾经工作时最令人头疼的事情就是开会，好像每一次开会都需要商讨大半天，有时候甚至是一天。尽管每次开会都会商讨一些事情，但是开了一天会下来依然没能达成决议。最后，大家都很疲惫，却不得不将会议上的资料带回家继续研究。

豪厄尔觉得这种无效的会议是不妥当的，既浪费时间，又浪费精力。后来，他想到了一个绝妙的主意，那就是每次开会只讨论一件事，之后得出结论，不拖沓，不浪费时间。当然，开一次会议需要准备很多资料，但是一定要达成一个决议，在开始讨论下一个问题之前。公司董事会听从了这个方法，并按照这个方式开会，结果大大提升开会的效率，带来的改变也是非常有效的。

在后来的会议上，曾经那些悬而未决的问题全部有了结果，再也没有未完成的工作。开会结束后，董事们可以轻轻松松回家，再也不会带资料回家，心情轻松了，工作效率也有所提升。

确实，这真是一个绝妙的方法，不但适用于美国钢铁公司的董事会，也同样适用于生活中为工作烦恼的我们。

1. 把工作分类

工作大致可以分两类：一类是不需要思考，直接按照熟悉的流程做下去；一类是必须集中精力，一气呵成。对于这两类工作，所采用的方式也是不同的。对于前者，你可以按照计划在任何情况下有序地进行；而对于后者，必须谨慎地安排时间，在集中而不被干扰的情况下进行。

2. 定时完成日常工作

每天都需要做一些日常工作，如打扫卫生，保持一个良好的工作环境；查看电子邮件，与同事或上司交流；浏览网页；等等。那么，每天预定好时间集中处理这些事情，通常安排在上午或下午开始工作的时候，而在其他时候就不要做这些事情了。

3. 及时寻求帮助

对于熟悉的工作和操作，需要加快速度，保质保量完成。对于自己工作中不太熟悉的技能和工作，及时向同事或上级寻求帮助，以加快工作进程。

小贴士

要想有所作为，你需要将时间安排妥当，把时间花在值得做的事情上面，这样你才能最大程度地提高效率。

时间四象限，分清轻重缓急

最近很流行一句话，为什么生活了几十年，还是一无所获。你是否同时在进行几个方案，不过似乎无法全部完成；你是否因为顾虑其他的事情，而无法集中精力来做眼前的事；假如工作被突然中断，你是否感到非常生气；你是否每天回家时感到疲惫不堪，但好像并没有做什么事情；你是否觉得总没有时间运动或休息，甚至只是随便玩玩都没有时间。如果针对这些问题，你的答案是肯定的，那么你已经陷入时间管理不良的怪圈。

生活中，我们还会遇到这样一些问题：当你正在写计划，结果电话又响了，那些急事、请示的、投诉的、朋友聊天的等等不得不接的电话，于是一上午过去了，还没有写几个字；领导最近安排了很多事情，一起堆着，这个方案本周之内完成，那个方案需要明天就出来，自己分身乏术。每天都感觉好忙，这件事也急，那件事也急，到底先做哪件事呢？

张老师正在上一堂别有趣味的课，他先是把一个玻璃罐子放在桌子上，然后再把一些鹅卵石放进玻璃罐子。等到张老师把所有的鹅卵石放进罐子之后，他问台下的学生："你们仔细观察，这个罐子还能装东西吗？"学生们看了看装得满满的罐子，都摇头说："不能了。"

这时张老师笑着从桌子底下拿出一袋小石子，沿着玻璃罐倒下去，全部倒完了，罐子看上去也满了，张老师问学生："你们觉得这个罐子还能装进去东西吗？"学生们有些不敢确认，一个学生小声回答："我觉得还能装进去一些东西。"张老师没说话，又拿出一袋沙子倒进玻璃罐，然后问："现在呢，还能装东西吗？"这时学生们似乎相信了，齐声回答："还能。"果然，张老师又拿出一瓶水，慢慢倒进玻璃罐子。

一个普通的玻璃罐就这样装下了如此多的东西，但是，如果不是先把最大的鹅卵石放进罐子，或许以后永远没机会把它们再放进去了。生活中很多事情，其实都可以像这个玻璃罐里放东西那样，先进行时间级别的分类，按照事情的轻重缓急进行组合，确定先后顺序，做到不遗不漏。

时间"四象限"法是美国的管理学家科维提出的一个时间管理的理论，把工作按照重要和紧急两个不同的程度进行划分，基本上可以分为四个"象限"：既紧急又重要（如客户投诉、即将到期的任务、财务危机等）、重要但不紧急（如建立人际关系、人员培训、制订防范措施等）、紧急但不重要（如电话铃声、不速之客、部门会议等）、既不紧急也不重要（如上网、闲谈、邮件、写博客等）。

那么按处理顺序划分：先是既紧急又重要的，接着是重要但不紧急的，再到紧急但不重要的，最后才是既不紧急也不重要的。“四象限”法的关键在于第二类和第三类的顺序问题，必须非常小心区分。另外，也要注意划分好第一类和第三类事，都是紧急的，分别就在于前者能带来价值，实现某种重要目标，而后者不能。

1. 第一象限，既紧急又重要的事

这一部分事情是需要马上去做的，如应付难缠的客户、准时完成工作、住院开刀等，大部分人工作中的主要压力来自第一象限，实际上第一象限80% 的事务来自第二象限（重要但不紧急）没有被处理好的事情。即这个压力是自己给自己的，所以关键是尽量多解决来自第二象限的事情才会使压力得到缓解。许多重要的事情经过拖延或事前准备不足，就会变得异常窘迫。

2. 第二象限，重要但不紧急的事

这部分事情主要是与生活品质有关，包括长期的规划、问题的发掘与预防、参加培训、向上级提出问题处理的建议等事项。这些事情不能因为不紧急就不去解决它，应该第一时间将任务进行分解，然后逐一去解决，并制定时间表，在规定的时间内完成就不会让第二象限的事情挤压到第一象限中去。如果忽略这部分事情，就会使自己陷入更大的压力中。多投入一些时间会提高实践能力，缩小第一象限的范围。做好事前的规划、准确与预防措施，很多急迫的事情就没法产生。建议把 80% 的精力投入到这个象限的工作，使第一象限的“急”事无限变少，不再瞎忙。

3. 第三象限，紧急但不重要的事

如电话、会议、突然来客都属于这一类。当自己感到疲惫的时候，可以通过一些不重要且不紧急的事情来调整状态和身体，不过不要在这个象限中投入过多的精力，否则就是浪费生命。当我们变得非常繁忙的时候，需要去第四象限里去休息一下，不过诸如阅读无聊小说、看毫无内容的电视节目、办公室聊天等，这样的休息是对身心的毁损，并非正常的休息。或许刚开始有滋有味，但后来你会发现人比较空虚。

4. 第四象限，既不紧急也不重要的事

这部分的事情需要交给他人去做，是我们忙碌且盲目的源头，最好的办法是放权交给其他人去做，或者通过委婉的拒绝以减少此类事情的发生。表面上看似乎会产生“这件事很重要”的错觉，实际上就算重要也是对别人而言。如果花很多时间在这里打转，自以为在第一象限，实际上不过是在满足别人的期望与标准。

小贴士

时间管理其实就是管理自己，改变自己，改变那些固有的坏习惯，改变坏习惯的本质就是靠合理的规划和自我的意志力，不按照以前的生活继续下去。

棘手之事，暂缓处理

孔子说：“欲速则不达。”其中，教导我们为人处世，要当进则进，当退则退；当急则急，当缓则缓。凡事不可操之过急，一味地求事情的速成，不顾后果一味冒进，事情反而会朝着相反的方向发展。汲取先贤的智慧，事缓则圆，不必急在一时，深谙做事的缓急之道。

每个人的一生都不可能顺顺当当，总会遇到一些坎坷险阻，那么，一旦遇到紧急而又难以处理的事情，该怎么办呢？哲人说：“人生难事，须以‘缓’字应对，方能圆满。”的确，棘手之事，往往是事缓则圆。我们在做事情的时候，千万不可贸然急进。如果具备了条件，那就一步一步向前；反之，如果不具备成事的条件，则不可轻举妄动，当缓则缓，凡事急不来的。

事缓则圆，成就了胡雪岩的一桩生意。

胡雪岩自身就是借债做生意，他的钱庄刚开张没多久，手头也没有什么周转的资金。当时时局比较动荡。正巧，他在湖州收到了一大批新蚕丝运到上海，如果按普通人的思维，应该马上把蚕丝脱手，换成现银来渡过难关。

但是敏锐的胡雪岩意识到这是一个商机，若现在脱手，洋商开出的价格并不理想，自己并不占什么便宜。不如把这些蚕丝囤起来，等到好机会再卖。但是，自己一个人没办法抑制蚕丝价格，需要找到同行抱团，才能与洋人讨价还价。

于是，胡雪岩一边囤积蚕丝，一边联合同行商业，两步同时进行。如果能够联合同行商行，就可以让蚕丝以更理想的价格出手。没过多久，胡雪岩与上海蚕丝大户结成了同盟，控制一些散户。

这时本来坚持低价的洋商迫于江南丝业的压力，价格有所缓和。但是，胡雪岩一直主张继续等待，观望一段时间再定夺。就这样，蚕丝出售这件事一等再等，一直到第二年新蚕丝上市。当时因为清政府需要在上海设立内地海关，同时增加茧捐。

迫于商场和时局的形势，洋商提升价格，开出了双方都可以接受的价格。由于胡雪岩擅长等待，这笔蚕丝生意净赚了 18 万现银。

胡雪岩事缓求圆的经商之道，赚得了令人难以想象的利润，也奠定了其在江南丝业中的地位。在生意场上打拼的人，都明白凡事需要耐心等待，等候最佳时机的到来。时机尚未成熟的时候，就决定草率行事，最后的结局往往是事倍功半，甚至无功而返。有时候，许多事情的失败在于慌张、急于求成，如果在做事的时候，暂缓一下，往往不至于如此。

俞万春在《荡寇志》中说："看来此事，事宽则圆，急难成效。"意思是，遇到了困难的事情不要操之过急，而是需要慢慢地设法应付，这样，事情才能得到圆满的解决。"事缓则圆"是一个人成长过程中需要不断修炼的处世策略。

乔丽最近正在筹划开店的事情，可是，忙碌了几个月，因政策的关系，还没有办好相关手续。晚上，乔丽与父亲闲聊起来，谈到最近苦恼的事情，乔丽便抱怨连连，父亲说："事缓则圆，不要着急，凡事慢慢来。"乔丽心有感触，说道："爸爸，我是不是太逞强了，一个弱女子怎么去想到做这样的事情。"父亲和蔼地说："这不算什么，你要明白，你要想游泳难免会呛几口水。"乔丽无奈地说："可是，身边朋友都有自己的事情要做，我想请教都找不到人，可我太想把这件事做好，让他们刮目相看。"父亲缓缓地说："你现在就静观其变，不要着急，事情慢慢就顺利了。"听了父亲的劝告，乔丽静下了心。

在后面的一周时间里，乔丽不去谈论那件事，平时也不去注意事情的发展。过了一周，事情有所好转，政策有变，给了乔丽一个很好的机会。这时，她感到机会来了，这下事情可以圆满解决了，想想父亲的劝告，似乎真的很有道理。

太着急，反而不利于事情的发展。日常生活中，我们所说的"操之过急"并不是积极进取，让事情缓缓，也并不是逃避。"缓"是为了事情的最后解决做最充分的准备，凡事若能缓缓，准备更充分，结果就会更加圆融。在做事过程中，不能性急，需要在循序渐进中积极筹划，耐心等待一个成熟的时机，最终，就会有一个好结果。

1. 等待时机

在这个世界，人、事、物乃至各种现象都有其成熟的时机，时机尚未成熟之前的等待，是很有必要的。诸如水果的成熟需要一定的时间，太早去摘取，其滋味总是苦涩。做事也是一样的道理，每件事都需要一定的过程才能显得更完美。

2. 事缓则圆

释迦牟尼说：“缓，而认真地坚持，终将圆满。”事缓则圆，看似容易，做起来却很难。遇到不明白的人，不要去弄明白了，缓一缓，自然会明白了；想不通的事情，不要去想了，缓一缓，自然就想通了；理不顺的事情，不要去理了，缓一缓，自然就理顺了。其中所蕴含的哲理无非就是“圆”，遇到难事，暂缓一下，也许，你会有意想不到的收获。

小贴士

将事情暂缓，等条件成熟之后再做，如此稳扎稳打，不急功近利，也才能够保证事情的圆满成功。后人常常疑惑：为什么胡雪岩每次总能圆满地解决困难之事呢？这其中的秘诀就是“事缓则圆”。

莫法特休息法，连续分段时间

詹姆斯·莫法特翻译了《圣经新约》，他有一套自己的休息方式。走进莫法特的书房，里面有三张桌子，第一张桌子摆着正在翻译的《圣经》译稿；第二张桌子摆的是一篇论文的原稿；第三张桌子摆的是一篇侦探小说。莫法特平时的休息方式，就是翻译一下《圣经》，写一下论文，创作一下侦探小说。分段式休息，也可以很好地工作。这种分段时间管理的方法就是莫法特休息法，即先区别各种工作时间的性质，纳入“连续—分段—连续—分段”组合公式进行处理，这样就能够充分利用间隔或空档的时段，创造出更多可利用的时间。

这种方法类似于“间作套种”，这是农业上常用的一种科学种田的方法。人们在实践中发现，连续几季都种相同的作物，土壤的肥力就会下降很多，因为同一种作物吸收的是同一类养分，长此以往，地力就会枯竭。人的脑力和体力也是这样，如果长时间持续同一项工作内容，就会产生疲劳，使活动能力下降。如果这时改变工作内容，就会产生新的优势兴奋灶，而原来的兴奋灶则得到抑制，这样人的脑力和体力就可以得到有效的调剂和放松。

其实，人都有喜新厌旧的心理，这符合人的身体和心理的自然规律。例如，当你总是做同一件事，不管是作为物质上的身体还是作为精神上的心理都会产生厌倦和抵触心理。当然，顺应这个规律的正确方法就是不断地弃旧迎新。不过，新和旧转换是互相取代的，新转化为旧，旧又变成新。例如，在工作的时候，假如时间超过一个半小时，那就没有办法集中做一件事，或只做某个方案。换言之，在你桌上肯定放着四五种工作，假如工作时间为一个半小时，那就安排三四件事，每件事情时间最多不超过 30 分钟，通常情况下 20 分钟左右。

小刘今年 19 岁，现为香港科技大学电子工程系学生。什么样的学习方法比较有效果，怎么样安排学习时间才可以提高学习效率呢？这样的话题对于即将走入考场的学子而言无疑是极具吸引力的，而小刘所独创的交替学习方法或许对许多学生有些帮助。

对于学习方法的理解，小刘认为，所谓“学习方法”也就是为某人在自己长期学习过程中使用且行之有效的方法，这是个十分个性化的东西，通常不具备普遍性。在他看来，学习没有捷径可走，都需要付出很大的努力。他认为，一些方法是无形地隐藏在学习过程中的，因此要善于发现、挖掘并总结自己的学习方法。假如某一节课或某一段课程内容，你感觉特别有收获，效果良好，那你就要回过头沿着学习的每一个过程的细节，认真寻找、发现、研究、归纳和总结，找出这一段学习与其他段学习的不同之处，最终发现自己的方法。

小刘认为，人的大脑接受某一类新信息时，前半个小时最兴奋、最活跃，学习效率最高、效果最好。超过 30 分钟即开始下降，假如这时候继续学下去，效果就会大打折扣。但是，接下来换另一门学科，大脑就会处于最活跃、最兴奋的状态，就这样下去，一个学习周期为一个半小时到两个小时，最多不超过两小时。一次学习时间超过两小时，效果十分差，还不如休息一小时后下一轮学习的 20 分钟效果好。

生活中，大部分都有这样的体验：繁重的、紧张的工作不一定让我们精神或体力上感到疲惫，恰恰是那些单调无味的工作让我们产生厌烦情绪，从而感到浑身疲惫不堪。这时候假如我们着手做另外一件事情，那精神和力气马上就恢复了。所以，为了防止自己在做事中出现疲惫或减慢做事速度，可以改变做事的方式，变换做事地点，或者几件事交叉同时进行，让大脑处于新鲜信息刺激下，这样就可以持续高效地做事。

1. 每件事的时间不宜过长

我们要科学地安排时间，每件事时间不宜过长。例如，有的人习惯一天就做一件事，往往到了下午，就没有耐心再学下去了。这样的情况，我们可以参照学校列出的课程表，在一上午几乎没有重复的课程，这样让我们在每一节课都能保持注意力。所以，在周末或者假期为自己制订计划的时候，也要合理安排时间，在做事的同时可以穿插一些音乐欣赏或者绘画之类，一方面可以让大脑得到短暂的休息，另一方面还可以减少做事的枯燥性。

2. 各件事交替进行

为了让自己保持一定的注意力，可以利用每件事的差别性来交替进行，这样可以有效地锻炼自己的思维方式，也能让做事呈现出明显的效果。例如，可以在上午做策划，余下的时间可以听听音乐；下午的时候编辑稿子，余下的时间里可以画画。上午和下午这两件全然不同思维的事情，会使我们有一定的新鲜感。

3. 不要与难事纠缠

做事最重要的是效率，交替进行就是为了提高效率。在做事过程中，一定要调动全部脑细胞，全身心投入到其中。在20—30分钟一定要解决问题，如果在这段时间内还没有思路，那么就马上停止，因为你已经走到山重水复的境地，不要继续纠缠下去了，否则不仅没有结果，也会浪费时间。等待一个循环或休息之后，当你再回来重新做这件事，就会茅塞顿开，从而顺利解决问题。

4. 劳逸结合

连轴转、开夜车、加班加点，都是不科学的方法。人的身体和大脑是一部机器，经过一定时间的运转，就会产生疲劳和消沉。假如还继续使用可能就会造成伤害，所以一定给它一个缓冲、调整、补充和新陈代谢的时间。休息一下，放松一下，不是浪费时间，而是更好地利用时间，提高效率。

小贴士

莫法特休息法的意义在于经常使工作充满新鲜感，每隔一段时间，我们应该改变一下工作环境和工作方式，让不同的新鲜信息刺激大脑，使我们的大脑兴奋中心不停地转移，从而避免某一区域长时间兴奋而过于疲劳，导致大脑认识问题、分析和处理问题迟钝，从而达到提高工作效率的目的。

三分钟热情，只会让你一事无成

有人问著名的组织学家聂弗梅瓦基为什么一生都花在研究蠕虫的构造上，聂弗梅瓦基回答说：“你可知道，蠕虫这么长，而人生却这么短。”

的确，一个人的生命是有限的，而科学研究是无止境的。简言之，如果你想获得任何一项事业的成功，就必须持之以恒，甚至付出毕生心血，对于成功而言，恒心就是力量。

在人类历史的长河中，多少卓有成就的人都是这样成功的。宋代司马光编写的《资治通鉴》，历时 19 年才截稿，但那时他已经是老眼昏花，不久就去世了；明代李时珍撰写《本草纲目》，几乎跑遍了名川大山，收集了大量资料，耗费了整整 27 年的时间，才铸就了这部名著；谈迁花了 20 多年的时间才完成了《国榷》，不料完成之后书稿被小偷盗走了，无奈之下，他又开始重新撰写，用了 8 年的时间才完成。这样的例子足以说明，无论做什么事情，只有持之以恒、呕心沥血，竭尽毕生精力，才能到达成功的巅峰，若只有三分钟热情，那最终你只能一事无成。

从前，有一名和尚叫一了，他的耐性不够，做一件事情只要稍稍有点困难，就很容易气馁，不肯锲而不舍地做下去。

有一天晚上，师父给他一块木板和一把小刀，要他在木板上切一条刀痕，当一了切好了一刀以后，师父就把木板和小刀锁在他的抽屉里。以后，每天晚上，师父都要小和尚在切过的痕迹上再切一次，这样连续了好几天。

终于到了一天晚上，一了和尚一刀下去，就把木板切成了两大块。师父说："你大概想不到那么一点点力气就能把一块木板切成两大块吧？一个人的一生的成败，并不在于他一下子用多大的力气，而在于他是否能持之以恒。"

古人云："事当难处之时，只让退一步，便容易处；功到将成之候，若放松一着，便不能成。"在生活中，有很多事情，并不是仅仅依靠三分钟热情就可以做好的，也不是一朝一夕就能做到的，而是需要持之以恒的精神，我们必须付出时间和代价，甚至是一生的努力，当然，在这个过程中，我们需要忍耐，坚持，再坚持，等待机会和成功的来临。

著名数学家高斯从小就很喜欢学习，而且在数学领域表现出卓越的才能。有一次，父亲正在算账，高斯静静地在旁边看着，当父亲算出数目时，高斯却告诉父亲："父亲，这个账目不太对，你看应该是……"按照高斯的方式检验一下，父亲发现儿子是对的。

高斯7岁时被父亲送到附近的学校读书，当时，他是班里年纪最小的，不过数学成绩最优秀，所以总是受到老师的夸奖。虽然成绩优异，小高斯依然不敢松懈，平时学习特别努力，白天上课时认真听课，平时也会利用很多时间来做数学练习题，阅读相关的著作。

每到夜深人静的时候，高斯就会提着自己利用萝卜和油脂做的小油灯爬上顶楼，在很暗的光线下，认真地学习数学，直到很晚才休息。而且，平时的学习有许多领悟和经验，如解题的新发现以及特别的解题方法，他将这些感想写成"数学日记"。

后来，高斯18岁那年轰动了整个数学界。因为他成功地解决了当时自希腊数学家欧几里得以来两千多年一直悬而未决的数学难题。

有人曾问高斯："你为什么在科学上赢得如此多的成就？"高斯回答说："如果你和我一样认真且持久地思考数学真理，你也会获得同样的成就。"

高斯成功的秘诀就是"专心致志，持之以恒"，他研究数学，总是坚持到底，他最反对的就是做事半途而废。当他在对一些重要的定理进行证明的时候，总是经过多种解决、证明的方法，并从中发现最简单和最有力的证明。当然，因为高斯如此持之以恒地钻研数学，为科学事业的发展做出了卓越的贡献。

1. 坚持到底

生活中，那些"三分钟热情"的先生和小姐，尽管他们接触了不同的工作，牵涉了不同的行业，但最终他们不会做成任何一件事情，他们只是在寻求猎奇的过程中获得了满足，最终，他们将一事无成。相反，那些只做了一件事情并坚持到底的人，他们在某个行业或某个领域达到了一定的高度，他们才是真正的成功者。

2. 控制自己的激情

做事不能只有三分钟热情，而是需要在保温中加温，需要持之以恒，这样才能有所为有所不为。现代社会，不少年轻人在刚开始工作时满腔热情，但时间久了就慢慢地懈怠了，最终一事无成。其实，工作不是仅仅依靠热情就能做好的，它更需要在保温中加温，坚持，坚持，再坚持，而不是三分钟热度，只有做到了这样，你才是真正的职业人。

3. 学做“龟兔赛跑”里的乌龟

或许，我们都听过龟兔赛跑的故事，在生活中，我们经常也会出现“龟兔赛跑”的例子，有的人成了爱睡觉、对事情三分钟热情的兔子，他们总是情绪不稳，一会儿想要夺冠，一会儿想要偷懒，结果造成了三分钟热情的现象。而有的人则成为慢腾腾的“乌龟”，虽然跑得比较慢，但他们的情绪和心态都比较稳定，抓住了一个目标就认真地去完成，这样反而适应了社会的规律，最终夺冠。

小贴士

那些做事只有三分钟热情的人，他们似乎还没有进入真正的角色，有些人甚至对做事很不耐烦，他们的三分钟热情就好像是一种预警，预示着他们会放弃，或者被社会淘汰，在更多的情况下，他们往往会在东奔西跑中一事无成。

有效行动计划，长短期相结合

古语云：凡事预则立，不预则废。在行动之前要有目标，但仅仅有目标还不够，在把理想铺铸成现实的道路上，还应该做好规划。规划不仅仅是一种前景目标，一张蓝图而已，它更是你行动的路线图。目标是可以看得见的靶子，每个人都能看到，大家都在朝它开枪，但并不是谁都能打得快和准。

做事没有什么技巧和捷径，主要还是勤奋踏实，尤其是制订有效的行动计划。在拟订目标的时候，每天坚持制订行动计划，而且不管遇到什么特殊情况，都要坚持完成每日给自己制订的计划。

某位在高考中获取高分的学生这样说道，确定每日、每周、每月的安排，坚定执行，必有成效。我在高三时的时间安排紧中有松，每天早晨 7 点到教室，先是做半个小时的英语练习，然后开始上课；中午回家吃饭后休息半个小时，这时我会躺在自己的小床或沙发上；1∶20 到 2∶50，我会去学校教室进行学习；下午和晚上按照学校的课程安排学习。当然，在课间休息的时候，我都是离开座位到教室外面的走廊走动一下。中午在教室进行学习的时候，我还时而看看报纸和杂志，这样可以放松大脑，还可以为作文积累素材。而且，在一周之内，我还会为自己安排一个放松的时间，如周六或周日上午，完全抛开学习，好好放松身心。

良好的计划当然是实现学习目标的蓝图，每一个人都应该有自己的目标，而这个目标的实现就需要脚踏实地、有步骤、有计划地完成。这样一来，时间和任务的结合，计划就由此诞生了。

为了实现目标，制订计划就去努力实现它，就可以使自己离目标越来越近，我们做事有了计划，就会把自己的行为置于计划之中，这样就有了明确的目的。当然，生活总是千变万化的，总会在某些方面冲击到我们的计划，这其实就是理想的计划和实际生活之间的矛盾。在这个长期的磨合之中，我们的意志会越来越强，坚持自己的学习计划，直到计划达成的那一天。

阿诺德·施瓦辛格说：“一个人应该有远大的目标，在追逐目标的过程中稳步前进，一步一个脚印，一定能成功实现目标。”

施瓦辛格出生在贫民窟，是一个不折不扣的穷小子。当时他瘦弱不堪，但在心里暗暗立下目标：长大后成为美国总统。

一个10多岁的穷小子，怎么可能成为美国总统呢？小小年纪的施瓦辛格思考了好几天，拟订了一个详细的计划：美国总统通常从各大州州长中竞选，那么先做美国州长，而竞选州长则需要很多财阀的支持，获取财阀的支持就需要融入高层生活，要融入高层生活就要先娶一位豪门千金，要娶豪门千金前提必须是出名的人，而成为名人最快速的方法就是成为电影明星。那就先从电影明星做起吧，施瓦辛格开始锻炼身体，让自己身体强壮起来。

如何锻炼身体呢？偶然间，他看到著名的体操运动员库尔，灵感迸发，强身健体可以通过练健美操实现。他开始日复一日地练习健美操，渴望自己成为身材最标准的男人。就这样持续了3年，施瓦辛格锻炼出发达的肌肉和强壮的体格，成为远近闻名的健美先生。

通过各种走秀，他的名字开始风靡欧洲乃至整个世界。没过多久，22岁的施瓦辛格如愿进入好莱坞。混迹演艺圈10年，他凭借健美的身材，塑造了一个个耀眼的银幕硬汉形象，开始成为闻名世界的明星。恰在这时，交往9年的女朋友家里总算同意了他们的婚事，他的女朋友是赫赫有名的肯尼迪总统的侄女。

过了十几年，施瓦辛格与太太生育了4个孩子，拥有一个美满幸福的家庭。2003年，57岁的施瓦辛格退出影坛，转而从政，并成功地竞选成为美国加州州长。

志存远大，这是一直被我们所推崇的。但是在现实中，仅仅有一个清晰的目标还远远不够。就如阿诺德·施瓦辛格一样，如何开动脑筋，尽快突破小目标，实现大目标，才是女孩们最应该重点费心思考的问题。总结阿诺德·施瓦辛格的成功经历，我们可以得出这样一句话：从大处着眼，从小处着手，化整为零地循序前进。谁都幻想自己能一步登天，一夕成名，一下子便成为一个亿万富翁。有目标、有憧憬是好事，但善于规划才是硬道理。

1. 制订计划

许多人说自己很无奈，要做的事情太多，每次面对这么多事都无从下手，其实造成这个现象的最大原因就是没有计划性。制订一个计划可以快速提升做事效率，在有限的时间里最大限度地完善自己的不足之处。例如，制订日计划和周计划，将计划与事情相结合，每天哪个时间段做什么事，在多长的时间内应该做完这件事，多久的时间来进行检查，达到什么样的程度。

2. 合理安排哪个时间段该做什么事情

坚持计划，就是保持过去适合自己的做事时间不动摇，一次事情的不成功并不能否定你之前制订的有效计划，只有每天按照自己制订的计划坚持下去，才会达到自己的目标。

3. 短期计划和长期计划相结合

当我们在开始任何做事之前，都需要为自己制订一个周密的学习计划，短时间的，如 3 个小时工作时间，然后分成若干个时间段，每段时间做哪个方案，如此计划好；长时间的，如看课外读本，半个月的时间看完一本书，每天看几页，一天中的哪个时间段适合看书，这些都需要写在计划里。

4. 早晚预习和检查自己的计划

每天早上醒来，躺在床上闭着眼睛，想想这一天有哪些事情要做。把这一天的时间都计划好，然后按照自己的计划去严格执行。晚上睡前检查一下，今天的计划是不是都完成了，完成的结果是不是让自己都很满意。就这样，每一天、每一周、每一个月，早晚都要预习和检查自己的计划，才能切实地提高自己的学习效率。

5. 善于安排时间

同样是一天，不同的人会有不同的效率。例如，有的人善于科学地安排自己的工作时间，工作和生活井井有条，所显示的效果也很好；有的人却相反，整天瞎忙一团，工作和生活毫无规律可言。对此，我们要清楚自己一周之内需要做的事情，然后制定一张作息时间表，在表上填一下非花不可的时间，如吃饭、睡觉、工作、娱乐等。

小贴士

当你制订好一份计划之后，还需要及时调整。当计划执行到某一个阶段的时候，需要检查自己的工作效果，并对原计划中不合适的地方进行调整。而且，计划制订之后需要坚决执行，否则前面所做的就是无用功。对于那些喜欢拖拉的人而言，坚定执行计划是极具挑战性的。一定要记住：抓住今天，今天的事情今天完成，不要总安慰自己明天一定会完成。

第04章 时间

专注力，设定25分钟的番茄时间

生活中，我们之所以那么容易对微博上瘾，对八卦热衷，是因为人的好奇心会被未知与新鲜事物所吸引，这是天性。而持续保持做一件事需要专注力，只有培养正确的思维方式，才能高效做事，减少大量被浪费的时间。

安排不被打扰的时间

你每天有多少时间被打扰了？日本专业的统计数据指出：“人们通常每 8 分钟会受到一次打扰，每小时大约 7 次，或者说每天 50 ~ 60 次。平均每次打扰是 5 分钟，总共每天大约 4 小时，也就是约 50% 的工作时间（按每日工作 8 小时计），其中 80%（约 3 小时）的打扰是没有意义或者极少价值的。同时人被打扰后重拾起原来的思路平均需要 3 分钟，总共每天大约就是 2.5 小时。根据以上的统计数据，可以发现，每天被打扰而产生的时间损失约为 5.5 小时，按 8 小时工作制算，这占了工作时间的 68.7%。”

时间都去哪儿了？可以说：“打扰是第一时间大盗。”如果需要做一个时间管理者，每天至少需要有 1 小时的“不被干扰”时间。如果你可以有 1 个小时完全不受任何人干扰，把自己关在自己的空间里面思考或者工作，这 1 个小时就能够抵过你 1 天单位时间的工作量，甚至有时这 1 小时比 3 天工作的效率还要高。

25 岁的王小姐做文员已经 6 年，进这家公司也有 3 年了，半年前来到现在所在的销售部。这个部门一共有 20 多名工作人员，男女人数相当，销售员全是男性，行政人员是清一色的女性。

王小姐平时上白班，每天工作 8 小时，一周工作 5 天。由于有早晚班之分，她通常都是中午 12 点或傍晚 6 点两个时间点下班。王小姐的爱好比较广泛，唱歌、看电影、插花等。而下班后，她习惯回家吃饭、看书、上网、陪家人，也偶尔跟同事吃饭、唱歌。

与王小姐同公司的同事则喜欢下班后聚在一起打麻将，一般都有固定的几个牌友。“三个月前的一天，她们三缺一，我看实在找不到人，就跟她们打了一次。”王小姐说，她其实比较讨厌打牌，也不怎么会打，“没想到有了第一次，她们每次打牌都要喊我。”

渐渐地，一遇到同事下班约她打牌，王小姐心里就五味杂陈，本来就不太会拒绝人的她也曾说过“不想去”，但在同事的软磨硬泡下，每次到最后都被迫陪打。同事们“游说”的那些话，王小姐随口就能背出几句，“哎呀，就是几个同事耍一会儿，不会有好大个输赢，就当是混时间。”“去嘛，你看我们三缺一，心里好受啊？”……

于是，三个月下来，王小姐每个月要被迫陪同事打三四次麻将。本来就不太会打牌的她“很受伤”——基本上每次打牌都会输掉100元以上。9月份还没完，就已经打了3次，输了600多元了！前天，同事又与她约好了下一场牌局，对此，王小姐表示很无奈。

对王小姐而言，下班被迫打麻将给她带来的困扰远不止输钱那么简单。王小姐说：“本来这个月，我要参加一个公司举办的征文比赛，就是因为她们老是约我打牌，最后我错过了交稿时间。”平时下班后就去打麻将，回到家都深夜12点了，洗漱完就凌晨1点多了，想到第二天还要去上班，根本就找不到写文章的状态。

尽管被迫打牌，王小姐也怕自己上瘾，因此心理压力一直比较大，她说：“每次打牌的那段时间，每天晚上睡觉都梦见自己打牌，弄得自己的精神状态很差。”

对于案例中王小姐的情况，自己的休息时间被打扰了，严重影响了生活和工作。对她而言，首先要学会自我调适、自我放松，通过各种方法宣泄自己压抑的精神情绪；其次制订与自己能力成比例、一致的目标，明确生活与工作的界限；再次要妥善处理人际关系，正确认识周围朋友，分清工作上的朋友、生活中的朋友；最后要尊重自己的兴趣爱好，提高抗干扰的能力，安排不被干扰的时间。

生活中总有这样的情况：有一件事一直想去做，不过过了很久才想起来，到现在还没做。每天各种事情已经占据了人们的时间。那么，这时候请尝试一下不被打扰的时间吧。每天给自己固定设置一个时间段，在这个时间段里，只去处理你最想去做的那件事情，请关掉手机、QQ、微博。

1. 找到躲避的地方

许多办公室是靠一些隔断划分出每个人的工作区域，这样的设置方法可以保持员工之间的距离，又不影响沟通，不过需要安排不被打扰的时间。如果某项工作遭遇挫折，不妨找一个僻静的地方，往往会有意想不到的收获，如楼道、楼顶、空的办公室等，独自思考，很少有人会打扰到自己。

2. 断掉通信工具

当你的注意力完全集中在当前的工作时，只有很少的几件事可以干扰自己，那就是手机来电、日程提醒、有人找你。假如你打算在工作时给自己一个安静的时间段去认真地规划手头工作，那不妨把手机调成静音，在特定的时间统一回电；关闭客户端，每天固定几个小时去接收或回复；挑选一个有人打扰概率最低的时间段。

3. 偶尔听一听轻音乐

可以尝试听听轻音乐，当你在写程序、编辑视频、制作动画或者其他工作的时候，可以戴上耳塞，放一段轻音乐，将自己和其他人隔离开来。

小贴士

其实，投入地工作和被打扰是此消彼长的，假如你足够投入工作的话，周围的环境是很难打扰你的，这时你只需要将手机关掉就可进入不被打扰的境界。假如你本身对工作表示厌烦，心情非常焦躁，那就算一根针掉在地上，也会干扰你的注意力。

做好分内事，别让分外事干扰自己

在职场生活中，有时候身不由己，经常会遇到同事请求自己帮忙做一些事情。假如自己从来都比较热情，或者不好意思拒绝同事，那时间久了，同事所提的请求将越来越不合理，自己则可能会陷入越帮越忙的难堪境界。通常情况下，对同事的不合理请求来者不拒，即便是牺牲自己的工作也在所不惜的人，内心都是比较脆弱的老好人，他们在拒绝别人方面存在着心理障碍。他们担心伤害别人的面子，只能自己硬着头皮上。

露露曾经在一家文化传媒公司做文员，平时自己的工作就比较繁杂，她还经常帮同事做事。每当同事提出需要帮忙，露露总是来者不拒，即便放下自己手头的工作，她也先帮别人把事情做好。尽管她自己累点，但总算赢得了同事的喜爱。

后来，行政部准备提拔一位经理，在公司工作多年的露露觉得自己应该很有机会，毕竟过去自己长时间为同事服务，在公司真的是“鞠躬尽瘁，死而后已”，如果自己不能如愿提拔，那真是对自己不公平。没想到，最后是一位平时只做自己工作但从来不愿意帮别人的同事晋升了。露露百思不得其解，她跑去问人事部主任，主任当即说：“管理层在讨论晋升人选的时候，确实考虑过你，不过，大家都说你虽然很喜欢帮同事，但自己的分内工作却没有十分出彩，没有让大家看到你在工作技能和管理能力上的提升，同时也担心你这样不懂得拒绝别人的请求，喜欢做老好人，可能在管理岗位上疲于应付，不能坚持自己的原则，所以……”

这件事之后，露露得到了很大的教训，她终于明白了：职场如战场，是需要拿出自己的真本事，拿出自己的工作业绩。只有努力开拓出属于自己的一片职业新天地，用心耕耘，创新精神，才能得到领导的认可。如果自己仅仅是作为一个老好人，是完全没办法体现自己价值的。

许多职场中人都有和露露一样的经历，越帮越忙不说，还越帮越不开心。同事的事情倒是解决了，却耽误了自己的工作。甚至，有时候给同事做了半天的事情，末了还讨不了个好，连句“谢谢”都不曾听到，好像自己做事情是应该的，要帮就必须帮好，否则就不够义气。所谓的老好人，自己内心的苦闷又该向谁诉说呢？

快下班的小王接到了同事小张的电话，他很着急地请求小王再帮他一下，写个新方案给客户，他说客户已经催了他好几次了，而他确实没时间。因为小张最近谈恋爱的关系，小王常常帮小张写方案。

小张是小王在公司里关系比较好的同事之一，以前他们经常会在下班后一起打球、吃饭。本来，小王挺欣赏小张的洒脱和率真，所以在一个月前当小张一脸兴奋地说自己谈恋爱的时候，小王几乎是毫不犹豫地答应帮他做方案，以此给小张更多的时间去谈恋爱。

但是一个月下来，小王发现自己越来越不快乐，他发现自己已经讨厌总是替他做事。但是，应该怎么拒绝呢？小王觉得拒绝的话很难说出口，作为好朋友是应该互相帮助，如果自己开口说拒绝，会不会失去这个朋友呢？

在案例中，当小王愿意帮助小张的时候，他可以去帮助他，假如小王内心不愿意再帮助小张的时候，他就可以用这样一个简单的方法来拒绝他：先了解清楚情况，理解对方，再告诉他自己的想法，同样也需要对方的理解和帮助。在拒绝同事的时候，表达友好和善意是我们拒绝时最重要的原则，它可以帮助我们建立更适宜与和谐的人际关系，在这样的前提下，我们可以使用其他的方法，或者找一些小借口，就可以很好地拒绝同事。

办公室里的同事，需要相互帮忙的时候比较多，当然，在我们力所能及的情况下，帮助同事是很有必要的，毕竟这样做可以给我们带来很多好处，如建立和谐的人际关系以及高效的工作。不过，在职场工作中，也有同事会提出一些不合理的要求，这时我们应该怎么办呢？我们经常担心或者不愿意拒绝别人的要求，因为我们担心失去与他们良好的关系，所以在面对同事的不合理要求时，我们会感到十分为难。

其实，当我们没有学会灵活地拒绝别人的时候，尽管表面上我们是答应了对方的要求，但实际上，在我们内心深处会积压许多怨气，这会让我们感到痛苦，并且反过来有一天会影响我们与其他人的交往。所以，拒绝同事，学会积极的沟通技巧，学会合理地表达自己的感觉，这对我们是非常重要的。

1. 做好心理建设

每个人都必须知道自己拥有拒绝别人的权利，然后找一个可以轻松说话的地方，并且考虑说话的时机。之后考虑清楚要拒绝对方要求中的哪个部分，而且预先准备好可以明确传达出“这个事情我没办法帮你，但假如改成……我就可以帮上忙”的信息。

2. 在“行”与“不行”之间找出路

遇上同事请求协助的时候，或许你只能接受或拒绝，没有转圜余地，也是导致人们无法拒绝的原因之一。其实，只要把拒绝别人的请托当成在跟对方交涉，就比较能够打破心理障碍，没有那么难开口。

假设完全接受对方的请求是100%，彻底拒绝是0%，那么不妨试着向对方提出90%、70%或50%的方案。你可以从请托的“内容”“期限”和“数量”做评估，如90%接受是“期限延长3天的话就办得到”，70%接受是“无法担任项目经理，但是参与项目没问题”。

3. 拒绝前先感谢

拒绝的说法也有一套固定模式可循：先以感谢的口吻，谢谢对方提出邀请；然后以缓冲句“不好意思”“遗憾”接续，让对方有被拒绝的心理准备；接下来说出理由，并加上明确的拒绝："因为那天临时有事了，所以没办法出席。"

4. 拒绝后表达歉意

如果婉拒是比较无关紧要的邀约（如应酬），只要说今天不方便就好；但如果是要拒绝额外的工作，就必须说出今晚无法加班的具体理由。最后不忘加上道歉，以及希望保持关系的结尾："真的很抱歉，若是下次还有机会，我会很乐意参加。"

5. 电话拒绝要格外温和

电话沟通看不到说话者的表情和动作，有时就算语气客气，对方还是会觉得你的态度强硬，所以电话沟通的时候要增加缓冲句，尽可能体贴对方的心情。

6. 正面朝向对方，放松眉头

通常，我们说话的姿势、表情、音调也会给人不同的感觉。拒绝时要尽量正面朝向对方，侧身容易给人警戒心强的感觉。蹙眉也会给人负面的印象，尽量有意识地舒缓眉头，以接近微笑的温和表情讲话最适当。

小贴士

许多人觉得自己无原则地帮助别人是可以体现自己价值的。但是，他们往往忽视了，自己的时间和精力都是有限的，在职场中，只有尽全力将自己的分内工作做好，才能够真正体现自我价值。

做感兴趣的事，更专注

每个人都有自己的兴趣，做自己喜欢做的事情，这是每一个人的梦想，同样，按照自己的兴趣爱好去做，最终也会得到一个很好的结果。其实，每个人都是一块金子，每个人都是一块尚待挖掘的宝藏，就看你是否具有一双慧眼，就看你是否勤奋，能够发现、挖掘出自己的价值，让自己的人生耀眼夺目、与众不同。

上天赋予每个人不同的个性，上天也给了每个人不同的兴趣爱好，可是有些人偏偏忽略了这一点，盲目地跟风、无目的地效仿，看到别人成为钢琴家，自己也盲目地学钢琴，看到别人在画画上有所造诣，自己也去跟风，结果却什么都是半途而废，最终都以失败而告终。

《罗米欧与朱丽叶》的剧情让无数人动容，他们那缠绵悱恻的爱情故事让无数读者如痴如醉、潸然泪下。至今回首这部名作，我们还会为莎士比亚的文字叫好、称赞。莎士比亚是英国伟大的戏剧家和诗人，他用自己毕生的经历为人类留下了37部戏剧，其中至少有15部被公认为世界文学史上的瑰宝。

翻开莎士比亚的人生史册，我们会发现，在他的人生中也出现过抉择，也是在不断地挖掘自己的兴趣与价值中成长的。莎士比亚出生在英格兰中部美丽的埃文河畔，7岁时开始读书生涯，可在校期间，他并不喜欢古板的祈祷文，而偏爱一些古罗马作家用拉丁文写的历史故事，尤其到了每年的五月节，更是他一生中最快乐的日子，因为每每这时都会有戏班子的演出，他每场演出必到，戏剧班子走到哪里，他就跟到哪里，如痴如醉地观看着每一场精彩的演出，直到戏班离开斯特拉福城为止。

14岁时，莎士比亚离开了学校，开始了他的谋生之路，他到父亲的铺子里做过帮工、在码头做过搬运工、替人家当过导购……但他发现这些都不是自己的兴趣所在，唯独有一次他意外地在一家剧院找到一份工作，虽然工作很琐碎、普通，主要是替客人看管衣帽，照料有钱的观众上下马车，还有在后台打杂，但这个环境却是他梦寐以求要到的地方。从此，莎士比亚可以真正地接近戏剧了。一有空闲，他就躲在后台静静地观看演员们的排练。这里，成了他的戏剧学校。这里也孕育了一位名垂青史的戏剧大师。

1592年的新年，对于莎士比亚来说是个难忘的日子，他的剧本《亨利六世》在伦敦最大的三家剧场之一——玫瑰剧场上演，莎士比亚一炮打响了。很快《理查三世》《威尼斯商人》《温莎的风流娘儿们》《哈姆雷特》《奥赛罗》《李尔王》相继上演。悲剧《哈姆雷特》的轰动效应，更使莎士比亚登上了艺术的顶峰。

可以说，莎士比亚是在寻找兴趣、延续兴趣，并且发展自己的兴趣中成长的，他一生都在为自己的兴趣而努力，一生都在为兴趣而拼搏，最终也成就了自己的梦想，铸就了自己人生的辉煌。

从心理学的角度来说，当一个人在做与自己兴趣有关的事情，从事自己所喜爱的职业时，他的心情是愉悦的，态度是积极的，而且他也很有可能在自己感兴趣的领域里发挥最大的才能，创造出最佳的成绩。莎士比亚难道不是一个成功的例子吗？

所以，千万不要逼迫自己去做不喜欢的事，把握好自己的兴趣，在该做出选择时不要犹豫，将你的精力消耗在你喜欢的事情上，你不仅会拥有很大的动力，同时会让你爱上你所做的事。

1. 找到感兴趣的事情

还有一些人是缺乏发掘能力，这些人不知道自己的兴趣究竟是什么，自惭形秽、妄自菲薄，认为自己天生就是庸才，注定一生都要碌碌无为。其实，归根结底真正的原因是这些人没有找到自己的兴趣所在，没有很好地挖掘自身潜力，过于盲从、过于武断地判断自己的价值。

2. 感兴趣的事情，态度更积极

不可否认，一个人在事业上取得的成就大小与兴趣是有很大关系的。如果你做自己一直喜欢做的事，你的内心便会充满愉悦与快乐。因为做自己喜欢的事才是幸福的，这样的幸福不用你做任何思想斗争，不用你去考虑任何不必要的琐碎事情，同时，它也不是你刻意追求的结果，因为它是自然而然的，与做事的过程相伴而生。

小贴士

因为喜欢，你会感觉前方的道路水阔天高；因为喜欢，你会感到浑身倍感动力；因为喜欢，你会尽情地享受自由与快乐。也正因为这样，你在做事时会觉得得心应手、顺理成章、事半功倍。

领导讲话，会听更要会记录

通常听领导说话，不仅会听，而且更需要会记录，这会有效地提升自己的专注力。或许，有的下属会反驳："只需要用耳朵、用心倾听就行了，何必麻烦地将领导所说的话都记录下来呢？"实际上，这样的想法是有失偏颇的。一般情况下，领导说话的时间是少则几分钟，多则几个小时，在如此不确定的时间里，领导所说的内容并不是一两句话就能概括的，甚至，有的领导所使用的都是长篇的说话稿。此外，一个人的记忆力是有限的，有可能你在听的过程中，真的是听清楚了，也听明白了，但并不意味着你在一段时间内都能记住领导所说过的每一句话。

俗话说："好记性不如烂笔头。"所说的就是这个道理，一个人的记忆力再好，但他总有忘记的时候。相反，如果能将领导所说过的话语用笔记下来，说话结束之后，不时还可以翻出来看看，温故而知新，你就越来越能理解领导话语中的含义了。对此，作为下属，需要牢记：不仅需要听领导说话，更需要将之认真地记录下来。

小王是总经理身边的秘书，在日常工作中，小王经常参加的一项工作就是听领导说话，不管是大会还是小会，小王都需要到场，而且不仅仅是听领导说话，还需要做会议记录，这是小王的分内工作之一，将整个会议的内容记录下来，整理出来，以备上级领导抽查。

但时间长了，小王自己也做了一份记录，那就是主要针对领导所说的话做成的记录，他把领导经常所说的话以及领导的思想都记录下来，在他的记录本上，清楚地记录着这样的文字：

各级主管一定要关心、关爱下属，让员工信任，让员工一有困难就找你，这样的领导，下属才愿意为你拼命；

我们在做决定时一定要考虑利弊关系，是利大于弊还是弊大于利，很多事情没有绝对的对与错，但是一定要把握利弊关系，以这个为方向点、关键点来做决策，才能避免后续出现更大的偏差；

做业务我们要发挥一切可以利用的资源，没有资源要向分公司总经理寻求支持，要打仗没有粮草怎么行？但粮草一定要用到刀刃上；

对待员工和对待客户一样，你想受到什么样的服务，那么在提供服务的时候就要付出更多，超过客户的预期，那客户就不会不满意；超过前线的预期，那前线就不会抱怨后线；

简单务实，简化流程，工作绝不能仅仅流于形式，照搬照抄。每个主管在批签报的时候都要仔细打开附件核实，对待工作绝不仅仅是点个同意就完事。

再回过头来仔细查看秘书所做的记录，发现这其中的几条都是领导所说话语中的精髓部分，这些记录下来的话语可以成为下属了解领导信息的突破口，因为一个领导心中所思所想，大多数是反映在其说话里面的。不仅如此，通过这些记录下来的话语，我们还可以观察到这位领导平时的工作习惯和工作风格。因此，对下属来说，在倾听的同时记录领导所说的话，可谓是益处多多。

1. 记录难以理解的问题

当领导在说到某个问题的时候，或许当时你并没听懂这是什么意思，那么就不妨记录下来，等到领导说话结束后，你可以自行思考，这话到底是什么意思；也可以拿着记录本向领导请教，以此增加与领导接触的机会。

2. 端正倾听的态度

当领导在说话的时候，若是他无意中看见了下属在对自己所说的话做记录，他的内心是骄傲的，也是自豪的，原来自己所说的话对下属来说是很有价值的，因此，也会刺激其更努力地说好话，提高其语言表达能力。

小贴士

对下属来说，将领导所说的话记录下来，这是一种对领导的尊重，也是自己对工作的一种负责态度。有时候，领导对某项工作要求很严格，可能仅仅对一个工作就提出了诸多的要求，这时如果不把这诸多的要求记录下来的话，就很有可能会忘记了，或者混淆了其中的概念，这对下属自身工作来说，是很不利的。

番茄时间，注重劳逸结合

番茄工作法是简单易行的时间管理方法，番茄工作法是弗朗西斯科·西里洛于 1992 年创立的一种相对于 GTD 更微观的时间管理方法。番茄钟，指的是把任务分解成半小时左右，集中精力工作 25 分钟后休息 5 分钟，如此视作种一个“番茄”。即使工作没有完成，也需要定时休息，然后再进入下一个番茄时间，收获 4 个番茄后，可以休息 15—30 分钟。在番茄工作法一个个短短的 25 分钟内，收获的不仅仅是效率，还会有意想不到的成就感。

作为上班族来说，提早几分钟到办公室，把一天的工作任务划分若干个“番茄钟”，规定好每个“番茄钟”内需要完成的小目标，然后尽可能心无旁骛地工作，这种“番茄工作法”的流程，也被称为拖延症自救攻略之一。假如想培养自己强烈的时间管理意愿和意识，养成坚定的自我管理行为；想从此克服懒惰，就能够利用“番茄钟”的理论来提升自己充分利用时间的能力。

小白是职场丽人，平时养成了拖沓的工作习惯，她觉得自己有必要改变自己，于是打算利用番茄钟来督促自己管理时间。

周一早上 8：30，小白启动了第一个番茄钟，她打算用这个番茄钟来回顾前一天的所有工作，看一遍活动清单，并填写今日日程。在同一个番茄钟内，小白检查方案是否一切就绪，做一些整理，番茄钟响了，她休息 5 分钟。

第二个实务番茄钟开始，进入工作状态，就这样进行了 3 个番茄钟，然后进行一段较长时间的休息。虽然愿意继续工作，小白决定休息时间稍长一些，以便面对紧张工作的一天。过了 20 分钟左右，启动一个新的番茄钟，继续 4 个番茄钟，此时已是 12：53。正好余下几分钟可以整理一下办公桌，收集四处堆放的文件，检查了今日待办表格，决定去吃午饭。

下午 2：00，小白回到办公室，启动番茄钟继续工作。在番茄钟之间，她的休息时间不长。但在4个番茄后，她觉得累了。仍然还有几个番茄要做。她想要好好休息一下，去溜达溜达，尽可能离开工作。30 分钟后，她开始一个新的番茄钟。结束，休息。她预留最后的番茄钟用来回顾当天的工作，填写记录表格，就可能的改进记下一些意见，为明天的待办表格加一些说明，并且整理书案。番茄钟响铃，短暂休息。小白看看表，5：27 了。她整理好桌面凌乱的文件，排好活动表格的顺序。5：30，空闲时间开始。

小白曾是一个深度“拖延症”患者，通过种“番茄”，以坚持每天上班时间至少收获 10 个番茄，以此来敦促自己完成日常工作。同时，自我诊断拖延程度有所减轻、工作效率大大提高。番茄工作法的设定，主要是把注意力集中在当下，可以帮助人更好地集中精力、摆脱曾经挫折的阴影和“万一任务完不成”的焦虑。

番茄时间的原则在于，一个番茄时间（25 分钟）是不能分割的，不存在半个或一个半番茄时间。一个番茄时间里若做与任务无关的事情，则该番茄时间作废。当然，避免在非工作时间内使用番茄时间，如 5 个番茄时间钓鱼。在开启番茄钟之前，需要有一份适合自己的作息时间表，在进行过程中别拿自己的番茄数据与他人的番茄数据比较，而且番茄的数量不可能决定任务最终的成败。有效地利用番茄时间，可以减轻我们对于时间的焦虑，同时可以提升集中力和注意力，减少工作的中断。

1. 做好记录

在开启番茄时间之前，做好准备工作，明确各个番茄时间内对应的任务，最好将任务简单写到纸质便签或日记本中，便于番茄钟时间的施行，强化反馈。

2. 保持任务时间

每 4 个番茄时段内的任务尽量保持一致，别有太大的差别，尽可能减少任务间的切换成本，毕竟切换某个任务的工作状态也是需要时间的。

3. 预留时间

启动番茄钟之后，打扰是不可避免的，电话或邮件都有可能打断自己的工作。假如必要，可在番茄时间段里预留一些处理打断的时间，比如 25+5，预留 5 分钟。当然尽可能避免这种打扰，在允许范围内适当将接收邮件的时间延长，不启动即时通信工具。

小贴士

根据自己实际情况，合理设置一个工作日内的番茄时间段，尽可能将重要的工作放在精力充沛的时段。如 8：30—11：00，15：00—17：00 等。当然，不一定所有工作都需要纳入番茄时间段里，要找到适合自己的工作节奏。

从细节入手，提升专注力

小事成就大事，细节成就完美。在小事上工作认真的人，做大事一定成绩卓越。因为细节最能体现一个人的智慧和美德。完美的细节代表着永不懈怠的处世风格，也是一个人追求成功的资本。

对于员工来说，不论多么远大的理想，都需要一步步实现；不论多么浩大的工程，都需要一砖一瓦垒起来。平庸和杰出的差距就在一些细节中，这是一个细节制胜的时代，对于自己的工作无论大小，都要了解得非常透彻，数据应该非常准确，事实也应该非常真实，这样才能脚踏实地完成宏伟的目标。

据说，某服装厂与外地的一个商场签订了一份服装购销合同。合同中规定：货款 45 万元，贷到付款。

作为卖方的服装厂，认真履行合同，按时将货送去了，并相信对方也一定会及时付款。谁知，两个多月过去了，卖方还没有见到对方货款的影子，不得不打电话相催。买方当然不干，卖方拿出己方持有的那份合同书仔细一看，果然也写着“贷到付款”而不是“货到付款”。

双方争执不下，最后告到法院。法官们经过审理，认定合同有效。这样，买方何时才能贷到那 45 万元的贷款，卖方何时才能拿到货款，就只有天知道了。

绝大部分企业家会知道一些十分精确的数字：如全国平均每人每天吃几个汉堡包、几个鸡蛋。之所以要了解得这么清楚，是因为他们想确保细节上多方面的优势，不给竞争者可乘之机，哪怕是一些细枝末节的漏洞。

对所有人来说，熟知细节是最佳的训练，尤其是面对紧急、影响重大的事情，这些知识更是有用。

一个男孩子的父亲有一个很大的养鸡场，当男孩10岁的时候，父亲给了他50只鸡让他饲养。当然，这一切是有条件的，一是这些鸡都是父亲挑剩的劣质子鸡，二是养鸡要自负盈亏。

男孩子欣喜若狂，信心十足地开始了自己的第一次经营活动。他对养鸡的事一窍不通，于是便认真地观察起来。通过观察鸡吃食的情况，他渐渐发现一个问题：当一个鸡笼里的鸡少一些的时候，小鸡吃得就多，长得就快；但是鸡太少的时候，又会浪费鸡舍和鸡饲料，所以必须掌握最佳的结合点。经过一段时间的摸索，男孩总结出每个鸡笼里养40只小鸡是最合适的。在男孩的精心饲养下，那些原本蹩脚的小鸡日渐改观、逐渐长大。当这些鸡开始产蛋的时候，每月卖鸡蛋的纯收入达15美元，这在大萧条时期可是一笔不少的钱。

后来，这些原本劣质的鸡雏的产蛋量却远远超过了父亲的那些良种鸡。开始时，父亲不相信，当他亲眼看到男孩卖了鸡蛋拿到钱的时候，才不得不对孩子夸赞几句。

父亲对男孩的评价是："能够注意到细小的环节，并且能够认真实施和改进。"

后来，父亲将一部分鸡场交给男孩子管理经营，事实进一步证明男孩的管理和销售能力，他管理的几个鸡场的效益都超过了父亲。当男孩19岁的时候，父亲将整个家禽养殖场全部交给了男孩。

这就是美国第四大家禽公司——伯杜饲养集团公司董事长弗兰克·伯社的成长经历。

很多人之所以一生都无所成就，多是因为他们有着大事干不了、小事又不愿干的心理。小至个人，大到一个国家，每一个突破，都是来源于平凡工作的积累。没有人可以一步登天，当你认真对待每一件小事时，你会发现自己的人生之路越来越广，成功的机遇也会接踵而来。

西奥多·罗斯福是个重视细节的人，凡是须经他签名的信函，他总要亲笔更动几个字后才发信。起初秘书认为自己撰写得不够好，后来秘书发现他是每封信都改，有一天实在忍不住，问总统是否对所有信都不满意。罗斯福摇头说："我为了怕收信人误认为信函全由秘书代写代打，我只不过签个名而已，所以我一定要用笔更动一两个字。这么一来，每封信都增加了'人情味'，不再那么冷冰冰了。"

1. 计划从小处着手

最聪明的人设计出来的最伟大的计划，执行的时候还是必须从小处着手，整个计划的成败就取决于这些细节。近些年，细节决定成败的口号喊得越来越响亮，但仍有些人做事毛躁马虎，以至于带来无尽的烦恼，甚至带来意想不到的损失。

2. 注重细节，培养专注的态度

即使现代生活步伐再快，我们仍要精益求精、一丝不苟，若马虎地对待工作，工作也会马虎地对待自己，而若能细心对待生活，注重生活中的细节问题，也许就会有意料之外的收获。

小贴士

对待小事、细节的处理方式往往也反映了一个人工作的态度。是积极面对，脚踏实地，还是整日空想成功，却不愿从身边的事情做起，这两种截然不同的态度，是成败的一个区别。

第05章

竞争力，核心就是你努力的方向

劳拉·万德坎姆指出："幸福和成功的人与混日子的人之间至少有一个关键性的区别，那就是幸福的人尽量地把他们的168小时都花在核心竞争力上。"时间管理最关键的是努力找到自己的核心竞争力，认清努力的方向。

精确记录你的一周时间表

上天是很公平的，给每人每天只有24个小时，不过，同样是24个小时，不同的人会有不同的效率。例如，有的人善于合理安排自己的时间，工作、生活、休息有条不紊，做事效率也高；而有的人却相反，不会合理安排时间，整天忙作一团，做事毫无效率而言。当我们需要合理安排时间的时候，不妨以一周作为短期，在制订时间计划的时候，需要清楚一周内所需要做的事情、所要达到的目标，然后制作一张作息时间表，在表上填那些必须花的时间，如吃饭、睡觉、工作、娱乐等。安排完这些时间之后，选定合适的、固定的时间用于工作，一定要留出足够的时间来完成工作任务。

张雪是一名在校大学生，为了更好地学习，她决定做一个学习计划。在她看来，不论做什么事情，都需要做好计划以及周密地规划。如果需要有效地学习，就需要做一个行之有效的学习计划，这个计划就好像战略一样，指引着自己的行动。

尽管在这之前，张雪并没有做过时间计划表。但是通过一个阶段的学习，张雪觉得应该合理安排自己的时间，毕竟对她而言学习是很重要的任务。只有做好了学习计划，学习生活才会更充实。

于是，张雪做了这样一周的学习计划表：

周一：上午8—12点，上课，认真听老师讲课，尽可能做好笔记，便于课下复习；下午2—5点，做现代汉语作业；晚上7—9点，上晚自习，

复习白天学习的课程，预习明天的课程；晚上10—11点，阅读2页名著

周二：上午8—12点，上课认真听老师讲课，尽可能做好笔记，利于课下复习；下午2—5点，做古代汉语作业；晚上7—9点，上晚自习，复习白天学习的课程，预习明天的课程；晚上10—11点，阅读2页名著

周三：上午8—12点，上课认真听老师讲课，尽可能做好笔记，利于课下复习；下午2—5点，研读《现代美学》；晚上7—9点，上晚自习，复习白天学习的课程，预习明天的课程；晚上10—11点，阅读2页名著

周四：上午8—12点，上课认真听老师讲课，尽可能做好笔记，利于课下复习；下午2—5点，研读《逻辑学》；晚上7—9点，上晚自习，复习白天学习的课程，预习明天的课程；晚上10—11点，阅读2页名著

周五：上午8—12点，上课认真听老师讲课，尽可能做好笔记，利于课下复习；下午2—5点，研读《现代汉语》；晚上7—9点，上晚自习，复习白天学习的课程，预习明天的课程；晚上10—11点，阅读2页名著

以上是周一至周五的时间安排，也是一个初步的分配，其余的零散时间作为一种机动时间，视情况而定。至于周六、周日，采取劳逸结合的方式，周六外出游玩，晚上11—12点，复习。周日：看电影、学习、待在寝室。

对于这第十四周的学习计划，张雪做出这种计划和安排，一份计划看它好不好，关键在于执行。执行力是最重要的，因此，张雪决定要好好地去执行自己所做的计划，每天检查自己是否完成了。

有的人把工作当成享受，他们觉得双休日可以完全由自己支配，一天的效率是平时工作的两倍，这样一来，每年生命便延长了469天。而那些不善于利用时间的人呢，周末懒惰了下来，周一还得重新鼓动，一年生命还不到261天。

在制订一周时间计划表之前，我们需要统计非工作的活动以及这些活动所占用时间的总量，千万不要去占这些时间来工作，如吃饭、睡觉等时间，家务及其他活动时间，周六、周日晚上，用来社交或娱乐活动的时间。

对于这些时间，我们需要做到心中有个大概，而且不安排这些时间让自己做事。记住，这个步骤很重要，之所以不要把这些时间用来工作，也是为了更有效率地做事。否则，工作之外的诱惑力肯定会占上风，当你不得不强迫自己把这些非学习时间用来工作，那效果也不会很大，就等于做了无用功。

一周时间计划表可用于工作的时间及其分配，把计算出的工作时间量分配到一周的每一天中去，并做出每周工作时间表。坚持做时间记录，观察时间利用的数据，可以让人更容易感受到时间的流逝，更善于客观地安排时间计划，因此比较容易提升自我。

不过，我们还需要注意以下这几个问题。

1. 确定最佳时间段

确定一天之内哪段时间你的感觉最好、大脑最敏捷，那就将这段时间用在工作上。因为生理条件和生活环境、习惯的不同，人们的生活节奏也往往是不相同的。有的人工作的最佳时间是在上午，有的人是在下午，还有的人感觉晚上做事效率最高。因此，在了解自己的最佳时间段之后，将最重要的事情放在最佳感觉时间去做，就会取得高效率的回报。

2. 休息时思考

在下班之后，我们努力做到休息时思考。这段时间十分特殊，我们的思路依然围绕在这个工作上，工作的内容自己也还很清晰，方案和例子也都记得比较清楚。这可以说是做事效果最佳的黄金时间，这时技巧很容易记住且易于应用，那我们的理解力和记忆力也可以得到加强。当然，最重要的是检查。你可以制作一张自我监督表，并把这张表贴在墙上或夹在笔记本里，至少保存 3 个星期。

3. 避免连续工作 2 个小时

在工作过程中，我们要避免连续工作超过 2 个小时而不中断，应该安排半小时的休息时间。研究表明，人们采用工作—休息—工作的方式，比工作—工作—工作的方式效率高。做事也是一样的道理，一直不停地工作不一定可以达到预期的效果，中途适当休息一下才是最好的工作方式。所以，在连续工作超过 2 个小时之后，我们可以从座位上站起来，伸伸懒腰，捶捶腿，吃点东西，或向远处看看，转移一下自己的注意力，同时也让我们的眼睛得到休息。

小贴士

精确记录一周的时间表，看一周的时间分配情况。把每一天从早到晚每个时段所做的事都记在笔记本上，具体到分钟，这样的记录会让时间利用效率大大提高，当你每天看这些记录，就会有一种充实感和成就感。

列出你未完成的梦想清单

人生是需要梦想的，万一实现了呢。不能抱持着梦想的人，他们不知道自己所要的是什么，总是茫然地生活着。确定自己的梦想，不论是对人生或是对任何的行动，都是非常重要的。

生活中，许多人缺乏明确的梦想，他们看起来努力，总是不断地爬，却永远找不到终点，找不到目的地。没有梦想，行动没有焦点，即便白费力气，也得不到任何成就与满足。人们把一些没有计划的活动错当成人生的方向，他们即便花费了很大力气，由于没有明确的梦想，最后还是哪里都去不了。

约翰·戈德 15 岁时，偶尔听到年迈的祖母十分感慨地说："如果我年轻时能多尝试一些事情就好了。"对此，戈德受到很大的震动，他决心自己不能到老了还有像祖母一样没办法挽回的遗憾。

于是，他马上坐下来，详细列出了自己一生要做的事情——约翰·戈德的梦想清单。他一共写下了127项详细明确的目标：10条想要探险的河、17座要攀登的高山；他甚至想要走遍世界上的每一个国家，还想要学开飞机、学骑马；读完《圣经》，读完柏拉图、亚里士多德、狄更斯、莎士比亚等十多位大学问家的经典著作；乘坐潜艇、弹钢琴、读完《大英百科全书》；结婚生子。

戈德每天都看着这份梦想清单，将整份单子牢牢记在心里。

戈德的这些目标，即便从半个世纪后的现在来看，依然是不可企及的。然而，在戈德去世的时候，他已经环游世界4次，实现了127项目标中的103项。

乔布斯说："把生命的每一天当作最后一天来过。"虽然我没有那么强烈的危机感，但是我想说，面对日益频繁的灾难、暴乱、战争、疾病，让我越来越觉得人类在灾难面前是多么的渺小，生命在受到威胁的时候是多么的脆弱和不堪一击。

某大学曾经做过一个跟踪调查，主题是目标对人生的影响。当时，他们选择了一群智力、学历、环境等水平相当的人。通过调查得出一个结论：这群人只有3%有清楚而持久的目标，10%有短期而清楚的目标，60%没有清晰的目标，27%甚至没有目标。

然后，长达25年的跟踪调查开始了。

首先是3%有清楚而持久目标的人，他们自从有了目标之后，再也没有更换过目标，朝着一个目标持续努力。通过25年的努力拼搏之后，他们成为社会上各个行业的精英人士，有的白手起家成为创业家，有的是一个行业的楷模，有的则是社会精英。

其次是那些10%有短期而清楚目标的人，不断完成短期目标，又订一个短期目标，他们就这样稳步前进。在25年之后，他们大多成为社会中层人士，或是律师，或是工程师，或是医生。

然后是那些 60% 没有清晰目标的人，由于目标不太明确，他们只能平淡地生活着，尽管生活和工作都比较安稳，不过并没有太大的成绩；

最后是 27% 没有目标的人，没有目标，就好像失去了人生方向，他们生活很糟糕，经常失去工作，有的甚至需要靠社会救济，永远生活在社会最底层，不仅如此，他们还喜欢抱怨。

也许你现在与别人差距不大，那是因为你们距离起跑线不远，而不是你比别人聪明，或者说上天眷顾你，你是属于那 10%、60%还是剩下部分，只有你自己最清楚，不过，希望你能努力成为那 3%的目标清晰而持久的人。

1. 列出分类梦想清单

可以分类列出梦想清单，30 分钟内做完的梦想清单，10 分钟能做完的梦想清单。分类记录心愿，如最想去旅行的 10 个地方、最想读的 10 本书、最想看的 10 部电影、最想吃的食物等。

2. 人生之旅从梦想开始

有人曾这样说，一个人无论他现在多大的年龄，其真正的人生之旅，是从梦想那一天开始的，之前的日子，只不过是在绕圈子而已。要想获得成功，我们就必须拥有一个清晰而明确的梦想，梦想是催人奋进的动力。如果你缺失了梦想，即使每天你不停地奔波劳碌，却还是无法获得成功，而成功者之所以能轻松地走到成功，那是因为他们的梦想清单。

3. 有梦想就有了动力

在生活中，一旦我们确立了清晰的梦想，也就产生了前进的动力，所以，梦想清单不仅仅是奋斗的方向，更是一种对自己的鞭策。有了梦想，我们就有了生活的热情，有了积极性，有了使命感和成就感。有清晰梦想的人，他们的心里特别踏实，生活也很充实，注意力也随之神奇地集中起来，不再被许多烦恼的事情过多干扰，他们懂得自己活着是为了什么，所以，他们的所有努力都是围绕着一个比较长远而实际的梦想进行，步步走向成功。

小贴士

列出梦想清单，完成这张清单的最终目的是帮助自己感受“喜欢做的事是什么感觉”。通过尝试那些你认为可能喜欢的事情，让自己了解自己的真正长处，自己的核心竞争力是什么，还有什么远大的目标值得你去追求。

30 秒电梯法则，简洁而高效的沟通

麦肯锡公司曾经有过这样的经历：当时，麦肯锡公司为一个重要的大公司做咨询，就在谈话结束之后，麦肯锡的项目负责人走进电梯，而那家大公司的董事长也正在电梯里。电梯当时停留在 30 楼，董事长先问：“你现在可以简单说一下结果吗？”麦肯锡公司项目负责人没有做任何准备，眼看着电梯快速下降，他只能无奈。最终，麦肯锡公司失去了这个重要的客户。这就是著名的 30 秒电梯法则。

有了这个教训，麦肯锡公司要求员工在以后的任何场合中注重一点，那就是在最短的时间里将语言表达清楚，沟通要直接讲主题、直接讲结果。一般而言，在日常沟通中，人们大多只能记住 3 个问题，多了记不住，所以，麦肯锡公司要求员工把任何问题都应该归结在 3 点以内。

子禽问自己的老师墨子：“老师，一个人说多了话有没有好处？”墨子回答说：“话说多了有什么好处呢？比如池塘里的青蛙整天整夜地叫，弄得口干舌燥，却从来没有人注意它。但是雄鸡，只在天亮时叫两三声，大家听到鸡啼就知道天要亮了，于是都注意它，所以话要说在有用的地方。”正所谓“言不在多，达意则灵”，那些简洁而又有力道的话语，往往更能

深入人心。

很久很久以前，老王新开了一家酒庄。为了吸引更多顾客来光顾小店，老王打算花重金请几个有学问的人来写个招牌。第一个人来了，泼墨挥毫写下了“此处有好酒出售”几个大字。其余几个人议论纷纷，第二个人说：“我觉得应该抹掉‘此处’两个字。”第三个人说：“我觉得‘有’字也可以抹去。”第四个人说：“其实酒好不好，客人们自然会有自己的评价，我觉得‘好’字也可以抹去。”这时第一个人有些生气地认真说：“大家这样说来，这句话就干脆留个‘酒’字算了。”大家点点头，表示这完全可以。

很多人说话有一个明显的弊病，那就是非常啰唆，他们把一些极为简单的问题复杂化。本来可以三言两语就能说清楚的问题，他非要重复无数遍，结果越说越离谱，自己也搞不懂在说什么。其实，我们从一个人的说话可以看出这个人的做事风格，说话简洁而有力道的人，大多都是自信心很强、办事果敢的人；而那些废话连篇的人，则通常都是思维比较迟钝，做事也显得犹豫不决、优柔寡断的人。

1863 年 7 月 1 日，葛底斯堡战役在华盛顿附近打响了，这是美国南北战争中的关键性战役。北方部队在经过 3 天的激战之后赢得了决定性的胜利。战争之后，包括宾夕法尼亚在内的几个州合资建立国家烈士公墓，并将战争中牺牲的全部战士公葬葛底斯堡。

1863 年 11 月 19 日，公墓举行落成典礼，邀请了当时的美国总统林肯做演讲。林肯得知这个消息之后，深感任务艰巨。原来，以演讲水平著称的美国前国务卿埃弗雷特是此次仪式上的重要演讲者，林肯作为总统，只是在之后形式上讲几句。有了如此厉害演讲的人在前面，林肯不管讲得如何，多少都有点“班门弄斧”之嫌。若是讲得不好，那更是让自己面子无处搁放。

果然，当天，美国前国务卿埃弗雷特洋洋洒洒地发表了长达 2 个小时的演讲，现场响起了雷鸣般的掌声。轮到林肯总统演讲，他上台之后，只是讲了十句话：“87 年前，我们的先辈们在这个大陆上创立了一个新国家，它孕育于自由之中，奉行一切人生来平等的原则……我们要在这里下定最大的决心，不让这些死者白白牺牲；我们要使国家在上帝福佑下得到自由的新生，要使这个民有、民治、民享的政府永世长存。”从上台到结束，仅仅有 2 分钟的时间，不过获得的掌声却持续了整整 10 分钟。

林肯简短有力的演讲在全国引起了轰动，当时有报纸评论说：“这篇短小精悍的演说简直就是无价之宝，感情深厚，思想集中，措辞精练，字字句句都很朴实、优雅，行文毫无瑕疵，完全出乎人们的意料。”就连埃弗雷特本人第二天也写信给林肯：“我用了 2 个小时总算接触到了你所阐明的那个中心思想，而你只用了 10 分钟就说得明明白白。”林肯这次出色的演讲的手稿被收藏到了图书馆，演讲词被铸成金文，存入了牛津大学，作为英语演讲的最高典范。

林肯在这次演讲中靠什么取胜？就是简洁而有力道的语言，简短有力的讲话比长达 2 个小时的演讲更深入人心。正所谓“浓缩就是精华”，因为简洁，它所表达出来的思想会更有深度，表达的意思更清晰，彰显的内容更有力量。

如在联合国开会，每个人发言都有限时，大家的发言稿一般都很简练，但是一样能够赢得满堂的掌声。有的人会错误地认为，讲话时间长短与重视程度有关，所以他们在没多少实质内容的讲话上，为了体现自己的重视程度，就反复强调一个问题，造成空话、套话连篇。实际上，我们说：“有话则短，无话则不讲。”讲话短小些、精辟些，这在当今工作的快节奏和社会信息交流频繁的时代，是非常受人欢迎的。

那么，如何说话才能简洁而有力道呢？

1. 删繁就简

要想自己说话简洁而有力度，就需要“删繁就简”，说话要简洁，势必删掉那些冗长的、反复的词汇，尽量把复杂的话能够简单地说出来，这样才会简单易懂、直入人心，继而有效地影响他人心理。

2. 尽可能使用准确的词语

福楼拜说："任何事物都只有一个名词来称呼，只有一个动词标志它的动作，只有一个形容词来形容它。如果讲话者词汇贫乏，说话时即使搜肠刮肚，也绝不会有精彩的谈吐。"我们在平时的语言积累中，要尽可能地掌握更多的词汇，这样才能说出简洁而有力道的话。

3. 培养自己的分析能力

许多人习惯于说话啰唆，就在于他缺乏一定的分析问题的能力，我们要学会透过表象把握本质，善于分析问题，善于概括，在这样的基础之上形成的语言，才会更精准、更有力道，才能深入人心。

小贴士

说话简洁使人愉快，令人喜欢，这样更容易被人接受；相反，说话冗长累赘，就会使人厌烦，也使沟通达不到预期的效果。所以，我们在日常交际中，要善于说一些简洁而有力道的话语，这样才能直入人心，达到征服人心的目的。

选择做自己最擅长的事

很多人之所以无法取得成功，最重要的一个原因，就是不知道自己最擅长的是什么。不了解自己的长处，又怎么能够取得成功呢？事实上，社会分工日益细化，而对人才的标准则是越来越专业化，越来越细化。有可能只是一个看似微不足道的行业，也大有一番学问，远不是那种能懂点就能驾驭的职业了。所以，当面对众多职业取舍的情况时，就必须是舍弃“百招全”而选择“一招鲜”，只要你精通了技艺，一定会“吃遍天”。

莎士比亚曾说：“对自己要真实，如此，你就可以永远呈现出最美的面孔。”这就是说，你只有做自己感兴趣的工作，才能够有所进步，并达到事业的巅峰。否则，将逆水行舟，不进则退，最终难成辉煌。我们从一些成功人士的身上细细观察，就会发现他们的事业和自己的兴趣总是紧紧联系在一起的。正是因为这一点，他们总能对工作怀着无限的热情和喜爱，并全力以赴地为之奋斗和付出。郎费罗说：“成功的奥秘没有别的，只不过是从事自己所爱的工作罢了。不论做什么，都要从自己的兴趣入手，才会让自己做得出类拔萃。”

奥托·瓦拉赫是诺贝尔化学奖获得者，他的成才极富传奇色彩。

瓦拉赫在开始读中学时，父母为他选择的是一条文学之路，不料一个学期下来，老师为他写下了这样的评语：“瓦拉赫很用功，但过分拘泥，这样的人即使有高超的智慧，也绝不可能在文学上发挥出来。”父母亲尊重老师的意见，让他改学油画。可瓦拉赫既不善于构图，又不会润色，对艺术的理解力也不强，成绩在班上是倒数第一，学校的评语更是令人难以接受：“你是绘画艺术方面的不可造就之才。”

面对如此“笨拙”的学生，绝大部分老师认为他已成才无望，只有化学老师认为瓦拉赫做事一丝不苟，具备做好化学实验应有的品格，建议他试学化学。父母又接受了化学老师的建议。这下，瓦拉赫智慧的火花一下被点着了。

文学艺术的“不可造就之才”一下子变成了公认的化学方面的“前程远大的高才生”。在同类学生中，他遥遥领先……

瓦拉赫的成功，说明这样一个道理：人的智能发展都是不均衡的，都有智能的优点和弱点，人一旦找到自己的智能的最佳点，使智能潜力得到充分的发挥，便可取得惊人的成绩。这一现象人们常称为“瓦拉赫效应”。

成功的诀窍在于经营自己的个性长处，经营长处能使自己的人生增值，否则，必将使自己的人生贬值。

三百六十行，行行出状元。但其“状元之才”之所以能够浮出水面，为世人称颂，就是因为他发挥了自己的特长。每个人都有自己的长处。如果我们能够静下心来，认真去寻找，就一定能找到。自己的长处是帮助自己实现成功的最好工具。如果一个人对自己的长处了解不够，他就永远休想有所建树。反之，如果找到自己的长处，就会挖掘出自己无限的潜能，更容易取得成功。

军和东是一对形影不离的好朋友，军动手能力强，而东脑袋灵光。军平时很喜欢动手做事情，也非常擅长技术这一块的领域，喜欢钻研机械，喜欢修各种机器，不管是什么机械类的东西到他手里都能修理得完好如初，简直是天生的机械师；而东则不喜欢动手，什么也不喜欢干，也不愿意干活，他擅长读书，而且记忆力超群。在高中毕业之后，东已经阅读了数百本专业书籍。尽管两个人兴趣不同，但这并不妨碍他们成为好朋友，每当军在修理一些小东西的时候，东则会在旁边读喜欢的书籍。

两个人擅长的东西不一样，但对彼此都很敬佩。大学毕业后，军和东发挥各自的特长，后来都很成功。军发挥手巧的特长，后来成为一家公司的技术总监；东发挥心灵的特长，后来成为投资大师。

如果东选择了做技术，而军表示出想学做投资，那么结果他们可能都不会太成功。每个人都各有所长，但成功的关键并不在于你有多少特长，而在于你能不能把你最擅长的技艺发挥到最高的水平。这就是“一招鲜，吃遍天”所直接体现出来的现象，职业也是一样的道理，事业的成功不在于你有多少种熟知的技艺，而是在于你能不能把你最精通的技艺发挥到极致，这样你才能取得最后的成功。如果你仅仅是每一样技艺沾点边，那无疑很难取得成功，而且一路上你也会走得异常艰难。

1. 成功者在于发挥自己的长处

成功者之所以成功，就在于发挥了自己的长处；失败者为什么失败，只因为他可能一生都在从事自己不擅长的事务，以致天赋全被埋没。人的兴趣、才能、素质也是不同的。如果你不了解这一点，没有把自己的所长利用起来，你所从事的行业需要的素质和才能正是你所缺乏的，那么，你将会自我埋没。反之，如果你有自知之明，善于设计自己，从事你最擅长的工作，你就会获得成功。

2. 只做擅长的事情

一个人做自己擅长的事，是获取成功的一件法宝。每个人在年轻的时候都会立大志，但不是每个人都能当科学家、发明家。培养一技之长，一步一步去累积自己的个人资源，才是成大事的必由之路。许多成就卓越的人士，他们的成功首先得益于他们充分了解自己的长处，根据自己的特长来进行定位或重新定位，最终找准了真正属于自己的行业。

小贴士

在《三国演义》里，吕布使的是“方天画戟”，关羽使的是“青龙偃月刀”，张飞使的是“丈八蛇矛”，赵云使的是一支长枪，典韦使的是两把短戟。因为他们都有自己的独门兵器，有着自身的一番功夫。一个人已经具备一定的天赋，朝着自己既定的方向努力，具有非凡的投入，那他就一定会是一名成大事者，获得物质上和精神上的双丰收。

平衡好工作时间、家庭时间、闲暇时间

当我们找准自己的核心竞争力之后，将之充实到三个方面：工作时间、

家庭时间、闲暇时间，做一个生活充实而有趣的人。当然，尽可能地把自己大部分时间都花在核心竞争力上，一旦找到核心竞争力，就可以停止无谓的焦虑，开始客观地看待数据，然后掌控每一天的生活，获得最充实的一天。

玛丽从事采购工作，她经常利用下班时间学习新知识，或者与同行交流沟通，闲暇时间有限，让她觉得自己忽略了家庭。如何平衡两者之间的关系，这让玛丽很苦恼。

每个人在家庭和工作之间都有一杆秤，二者之间权重的比分多少并不是标准，只是每个人的价值观不同，就会有不同的权重。现代社会的文化似乎赋予女性更多的家庭责任，女人的内心深处容易认为自己是否成功，请看家庭，所以平衡家庭与生活对于职业女性而言，就显得比较重要。当我们清楚了自己内心的需要和价值倾向，再进行工作、家庭、闲暇之间的精力、时间的分配，自然就会更游刃有余。

王先生是一家银行的管理人员，曾经一度他十分热爱自己的工作。不过，由于受到全球金融危机的影响，银行支出的削减与裁员影响了大家的工作氛围。工作压力过大，导致他们的午饭时间大大缩减，晚上和周末也要继续工作，精神每天高度紧张，没有一丝一毫的松懈。身边的同事一个个被裁，王先生感觉自己的血压开始升高。

就在上个月，王先生最终做出辞职的决定，因为长时间的工作压力已经对他的身体健康造成了威胁。辞职后，王先生到附近的城市做了一名教师，因为他妻子也在那边工作。尽管王先生换新工作的时间比较短暂，不过现在他的血压已经恢复正常，整个人的精神状态也比较好。

随着无线技术的发展，在家中办公已并非遥不可及。有关人士表示，在家中办公可以更加有效地促进家庭的和睦。

杨小姐从事编辑工作，其父母一直希望她早点生儿育女，但是她觉得年轻时应该奔事业，但是父母总是以他们身体好可以帮忙照顾小孩为理由督促。她感到困惑的是真的像父母说的那么简单，可以很容易带大一个孩子，兼顾家庭事业吗?

当然，对一个家庭来说，孩子的出生，势必带来生活方式的改变，孩子将占据你大部分的精力，你将牺牲许多的个人空间。同时家庭结构、夫妻相处方式也会发生很大的改变。尽管父母可以帮忙带孩子，但作为孩子的父母，生孩子之后，想法也会改变，想要自己投入更多精力。

王先生来自偏远的山村，用光了家里所有的钱，终于挤进了大学的门槛，到大学毕业之后，他已经是负债累累。虽然，品学兼优的王先生通过老师的介绍获得了一份不错的工作，但他并不满足于普通的职位，而且还有自己读书欠下的债成为他拼命工作的动力。早上他是第一个到办公室，下班了，他却是最后一个离开办公室。在无数个深夜，他孤身一人待在办公室，或思考一个企划案，或着手一个新产品的研发。当然，付出是有回报的，王先生很快晋升到管理层，不仅如此，他还清了所有的债务。就在这时，他结识了一位女士，组建了一个幸福美满的家庭。

这样看起来，王先生的生活算是美满幸福了，但王先生并没有放松下来。每天，他依然是公司最拼命的一个，妻子每每抱怨："你已经很久没陪我们去公园了，我们一家人从来没去旅游过。"这时王先生总是以惯有的口吻说："我这样还不是为了这个家。"妻子辩解："可我们已经不缺什么了，我和孩子唯一缺的就是你，再富足的物质生活也比不上一家人在一起啊。"话还没说完，王先生已经西装革履地出门了。

没想到加班到凌晨1点的王先生回到家里，竟然发现妻子带着孩子走了，桌上只留下一个地址。第二天，王先生破天荒地向公司请了假，按照妻子所给出的地址找去，没想到竟然是一处山清水秀的森林公园。远远的，王先生看到妻子、孩子，还有自己白发苍苍的老母亲坐在一起，孩子嬉戏着，妻子则和母亲聊着天。看着这样的景象，王先生的眼睛湿润了，在那一刻，他明白了很多。

从此以后，王先生不再是拼命三郎了，他从自己工作的时间里抽出一部分陪家人和朋友，在这段时间里，他才发现生活是多么美好、多么轻松！

当一个人拼命工作到忘记了家人和朋友时，尽管他的物质生活是富足的，但其精神生活却是一片贫瘠，他的内在心灵更是一片荒芜的花园。因为他不懂得享受生活，自然感受不到来自生活的快乐。工作的功利性目的是为了挣钱，但这并不是其最终的目的，享受生活才是最终目的。

中国的文化崇尚工作至上，在这种文化的影响下，许多人经常在办公室挑灯夜战，或者从来不旅游。这样拼命工作的人其实已经忽略了生活的美好，更何况工作得多并不意味着应该受到表彰或加薪。

1. 过度工作反而不好

过度工作很有可能会降低自己的工作效率、消磨自己的创造力，甚至对你与家人和朋友的关系产生负面影响。尽管有激情、有梦想是上天赐予自己的礼物，为自己热爱的事业而努力更不会是一种错误，但应该调节好，不要过度工作。

2. 学会享受生活

享受生活是人生的特殊体验，在越来越喧嚣的尘世中，我们逐渐背离了享受生活的本质。在拼命工作的过程中，我们变得越来越提得起、放不下，为享受而享受，把挣钱、占有当作享受的终极目的。这样一来，生活中感受到的就是苦多乐少。

小贴士

我们的休息也很重要，除去忙碌的工作时间以外，我们应该更多地享受生活，享受与家人朋友待在一起的感觉。这样我们才能收获更多来自心灵深处的快乐。其实，享受生活是一种感知，品味春华秋实、云卷云舒，一缕阳光、一江春水、一句问候、一叶秋意都是生活里醉人的点点滴滴。

第06章 Time 时间

精力，寻找活力与效率的平衡点

时间管理中，精力管理是一个非常重要的部分。有效的时间分配可以提高效率，而精力管理可以让我们每天神采奕奕、精神饱满，全情投入工作和生活中。做好精力管理，寻找活力与效率的平衡点。

拯救失眠，保证充足的休息时间

人的一生有三分之一花在睡眠上，但是没有人明白睡眠到底是怎么回事。众所周知，睡觉只是一种习惯，是一种休息状态。不过，我们并不清楚每个人每天需要睡几个小时，更不明白每天我们是否非要睡觉不可。不过，假如我们不幸遭遇失眠，那又该怎么办呢？

一个人的睡眠时间是不确定的。例如，著名指挥家托斯卡尼尼每天晚上只睡5小时，而柯立芝总统每天却要睡11个小时。或者，我们可以理解为，托斯卡尼尼用了自己人生五分之一的时间来睡觉，而柯立芝总统的人生几乎有一半的时间在睡觉。

在这之前，李先生每天睡眠质量很不错，每天晚上按时入睡，可以一直睡到第二天早上，早上还不愿意醒来，哪怕闹钟也吵不醒他，结果他常常赶到公司就面临着迟到了。就这样，李先生面临着领导发出的最后警告：“如果你再迟到，当心我会炒了你的鱿鱼。”

怎么样才能早点起床呢？李先生很是苦恼，这时身边的朋友出主意说：如果你怕早上听不到闹钟响，那不妨睡觉时把全部注意力放在闹钟上。李先生觉得这个方法听起来不错，于是，在睡觉时他就开始注意闹钟，因为全神贯注，只能听见闹钟“嘀嘀嗒嗒”的声音，思绪被无限放大，这让李先生根本无法安然入睡，他只能翻过去、翻过来，焦躁不安。这样的情况一直持续到第二天早上，李先生根本没办法起床。

在这之后的两个月，李先生从一个睡眠质量很好的人成为一个遭受失眠折磨的人，他每天精神憔悴，根本无法好好工作。越是想着工作，越是睡不着，情绪很糟糕的时候，李先生恨不得一头撞死。

李先生再也不想遭受失眠的痛苦了，他只有向心理医生咨询。听了李先生的情况，医生说："其实，失眠这件事只能靠你自己去克服，去改变。但是，你在遭受失眠困扰的时候，不要想着我在失眠，别放大失眠带来的焦虑感。你可以暗示自己，我根本不管是否能睡得着，哪怕我只是睁着眼在床上躺一晚上，我也很好地休息了一晚上。"听了医生的建议，李先生点点头，回家后按照这样的方法做了。结果不到半个月，李先生就可以好好睡一觉了。

一个月之后，李先生重新恢复到每晚七八个小时的睡眠时间，当然，他再也没有失眠过了。

在生活中，或许我们能够很长时间之内不进食、不饮水，不过却没办法很长时间不睡觉。当一个人筋疲力尽之后，即便是在打雷或战争的恐怖和危险之下，也可以安然入睡。

著名的神经科医生佛斯特·肯尼迪博士说："1918年，英国第五军撤退的时候，我见到那些在战场上耗尽全身力气的士兵随地倒下，睡得简直跟昏死过去一样。尽管我尝试着用手撑开他们的眼皮，他们依然拒绝醒来，我发现每个士兵的眼球都在眼眶里向上翻起。"

下面是一些治愈失眠症的方法，虽然不能保证百分之百可以治愈，但至少可以缓解失眠症的严重程度。

1. 放松你的肌肉

大卫·哈罗·芬克博士在其著作《消除神经紧张》中提出和自己身体交流的方法。他指出，语言是一切催眠法的关键，当你失眠时，不妨对自己的身体肌肉说："放松……放松。"这样你就真的能从失眠的沼泽中解脱出来。大家都知道，当肌肉紧张的时候，你的神经就会保持紧张。一个失眠的人，想要摆脱失眠进入梦乡，那就从放松肌肉开始。然后，将几个小枕头垫在手臂底下，让自己的下颚、眼睛、手臂和双腿放松，这样就会在不知不觉中进入梦乡了。

2. 让自己感到疲倦

当一个人感觉很累的时候，自然容易入睡，即便是在走路，也会强迫你进入梦乡。所以，假如你让自己变得疲惫不堪，那就很容易进入梦乡。德莱赛年轻的时候，他还是一个为生活奔波的作家，他曾经为失眠而烦恼。为了治愈失眠，他想办法让自己变得疲惫，他去种花、游泳、打网球、打高尔夫球、滑雪……后来，他去纽约中央铁路找到了一份铁路工人的工作，在他做了一天打钉和铲石子的工作之后，他就累得不行了，甚至来不及将晚饭吃完就睡着了。

小贴士

著名的神经科医生佛斯特·肯尼迪博士教给大家一个方法：当失眠的时候，将眼球在眼眶里向上翻起，结果不到几秒钟的时间，你就会开始打哈欠，沉重的睡意袭来，这简直是一种自己没办法控制的神经自动反应。

在真正感到疲倦之前休息

要防止疲劳和忧虑，坚持常常休息，在你感到疲倦之前就应该休息。哈佛医学院的华特·坎农博士解释说：“绝大多数人会觉得人的心脏每天不停地跳动，其实，心脏在每次收缩之后，它就会完全安静一段时间。当心脏按照正常速度每分钟跳 70 下时，它一天的工作时间仅有 9 小时，即它一天休息的总时数为 15 个小时。”而一个人身体疲劳积累的速度是异常快速的。

你能想象吗？英国前首相丘吉尔在第二次世界大战期间已经60多岁了，却能够每天坚持工作长达16个小时，不知疲倦地指挥着英军每一天的作战。或许，你会觉得疑惑：这样一位老年人难道不会感觉到疲倦吗？如果你看了他一天的时间安排，就会知道理由的。丘吉尔可以从晚上工作到早上，上午11点起床，然后看报纸、口授命令、打电话甚至在床上召开会议。中午吃过午餐之后，小憩1个小时，之后就会一直工作，傍晚睡2个小时之后，8点开始吃晚餐。

丘吉尔会感到疲劳吗？当然，他所需要做的不是消除疲劳，因为他根本不用消除疲劳，他已经有效防止了疲劳。当他需要承担大的工作量时，他之前总会经常休息，所以他可以一直工作到深夜。

爱迪生曾说："我有无穷的精力和耐力，都因为我有随时入睡的习惯。"亨利·福特80大寿的时候，他看起来精神非常好，他告诉人们自己的秘诀是："我可以坐着的时候，我从来不站着，我可以躺着的时候，我从来不坐着。"何瑞斯·曼被誉为"现代教育之父"，他年纪大了也是这样做的，在他担任大学校长的时候，他就经常躺在一张长沙发上与学生进行谈话。

在现实生活中，或许你无法像爱迪生或何瑞斯·曼那样在办公室睡午觉，因为你不过是一个打字员；或许你无法躺在沙发上与上司讨论账目的问题，因为你不过是一个会计。不过，假如你住在一个小城市里，而且每天中午有回家吃饭的习惯，那你饭后可以在家里睡觉10分钟。假如你已经年过50，自以为根本不需要这样调整，那最好的办法就是买下全部的保险。毕竟近些年葬礼的费用增加了，这样的话，你还能够给妻子足够多的保险金用来改嫁。

威廉在某钢铁公司担任科学管理工程师，他始终坚信：如果一个人在疲劳之前选择休息，那么他的精力将更加旺盛。为此，他做了一个实验来证明这个观点。

当时在钢铁公司里，每一个工人每天能够把 15 吨生铁装在货车上，而且照这样的工作强度，在中午时工人们已经感到非常累了。威廉经过认真观察，之后又对一切可能产生疲劳的因素做了细致的分析，最后他得出一个结论：其实每个工人每天不止装 15 吨生铁，按照他们的体力，应该装得更多，或许可以达到 50 吨。

为了证明自己的观点，威廉选择了一个身体强壮的工人作为实验对象。然后，威廉让工人按照自己规定的时间来干活儿，一个助手拿着秒表在旁边指挥："现在搬起一块生铁，走过去……稍等，坐下来休息一会儿……现在继续搬……开始休息……"果然，正如威廉所料想的那样，那个工人一天搬了 50 吨生铁，而其他工人只能搬 15 吨生铁。或许你会认为这是偶然的情况，但事实并非如此。

威廉坚持做这个实验长达 3 年，那个工人的工作能力从来没有削减过。对此，威廉做了这样的解释：由于工人在身体真正疲惫之前选择了休息，工人每小时大概工作 26 分钟，休息 34 分钟，看起来他休息的时间比工作时间多，但是他的工作效率却是其他工人的 4 倍。

按照威廉的实验，一个工人只要能够休息好，完全可以做到现在工作成绩的 4 倍，而且他们感觉不到疲惫。

威廉的实验证明了一个道理：从事体力劳动的人，假如休息时间足够多的话，每天就能够做更多的工作。假如你每天没办法在中午休息，那至少在吃晚饭之前躺下来休息 1 个小时，想必这是非常容易做到的。仔细计算起来，这比吃饭前喝一杯酒容易很多，不过其产生的效果却是喝酒的 5467 倍。假如你可以在下午五六点钟之前，或者 7 点钟左右休息 1 个小时，那你就能够在你生活中每天增加 1 小时的清醒时间。理由是，晚饭前睡的 1 个小时，再加上晚上的 6 个小时，一共就是 7 个小时的睡眠，这样做的益处比连续睡 8 个小时多得多。

1. 善于休息

古今中外，有诸多卓有成就的人，他们都是因为善于在疲惫之前休息，所以可以保持强劲的精力。伊莲娜·罗斯福，曾任白宫第一夫人12年，她每天几乎都要应付许多烦琐的事情。她休息的方法就是，每次接见一群人或是需要发表一次演说之前，她都会坐在一把椅子上或者沙发上闭眼休息20分钟。

2. 哪怕休息5分钟

棒球名将康里·马克在每次参加比赛之前，假如不睡午觉，那他到了第5局就会感到疲惫不堪。但是，假如他中午睡午觉，哪怕只睡5分钟，他就不会感到疲劳，即便有加时赛也是如此。

3. 中午休息10分钟左右

金·奥特里是世界著名的骑术名将，他在麦迪逊广场花园有一间私人休息室。几乎每天下午，他都会在休息室躺一会儿，所以在他的休息室里放了一张折叠床。当他需要连续表演两场的时候，他就会在中间休息1个小时。他过去在好莱坞拍电影的时候，经常坐在一张很大的软席椅上，每天睡两三次午觉，每次睡10分钟，结果他每天都可以保持绝对的精力充沛的状态。

小贴士

休息并非绝对什么都不做，休息就是修补。即便是很短暂的休息时间，也会对身体的疲惫有较强的恢复能力。或者说，即便是只睡5分钟，也可以帮助我们消除身体上的疲惫。等到真正疲劳之前选择先休息，这样能够使我们每天清醒的时间多1个小时。

选择适合自己的放松方式

法国作家大仲马说："人生是一串无数的小烦恼组成的念珠。"在日常生活中，烦恼、怨恨、悲伤、忧愁或愤怒等不良情绪都是常见的情绪反应，这些都容易成为内向者的典型情绪。内向者生闷气的时候，实际上整个人都陷入不良情绪之中，容易产生孤独感和抑郁症，缺乏积极进取的精神。总而言之，闷气让一个人变得郁郁寡欢，因此，我们需要寻找让自己放松的方式。

培根说："无论你怎样表示愤怒，都不要做出任何无法挽回的事来。"美国前总统林肯如果在外面和别人生气了，回到家里就会写一封痛骂对方的信，当家人第二天要为他寄出那封信的时候，林肯会极力阻止："写信时，我已经出了气，何必把它寄出去惹是生非。"如何面对心中的种种不良情绪？当然是合理地宣泄，放松自己。

里根是一个性格温和的人，但是，有时候他也会发脾气。当他生气的时候，就会把铅笔或眼镜扔在地上，然后很快就能恢复情绪。有一次，里根对侍从人员说："你看，我在很久以前就学会了这样一个秘诀，当你生气时，如果控制不住自己，不得不扔掉一些东西来出气，那么就要注意把它扔在你的面前，一定不要扔得太远了，这样捡起来就会省力很多，捡起了东西，心情自然也就放松了。"

其实，在很多时候，所谓的轻松方式就是发泄心中烦恼，无压力地宣泄不满情绪，将心胸放开，这样就会减少一些不必要的烦恼，而且，也避免了这样的不良情绪感染到其他人。

一位年轻女孩来到心理咨询中心，说道："前两个月我被公司解聘了，心里很恼火，不愿意见人，整天就待在家里，憋得心慌，内心也变得更加痛苦，有什么办法能够摆脱这样的处境呢？"心理医生建议："你这样是不行的，时间长了就会变得郁郁寡欢，寻找一种让自己放松的方式吧。”

齐文王患了忧虑病，没能找到正确的治疗方式，时间长了，病情越来越严重，甚至到了卧床不起的地步。这时，大臣建议请名医来诊断病情，于是，齐国派人到宋国去请来名医文挚给予医治。文挚查看了齐王的病情，判断出必须采取一定的方式来赶走病人心中的闷气，但是，顾虑到这样会触动齐王而惹来杀身之祸。对此，齐国太子向文挚保证，无论如何都会保证医生的安全。于是，与文挚约好了看病的时间，但是，文挚却连续三次失约，齐王虽在病床上，却对此十分恼怒。

后来，文挚终于应约而来，但是，他不脱鞋就上床，践踩齐王的衣服问病，气得齐王不搭理他。这时，文挚用粗话刺激齐王，齐王终于按捺不住，翻起身来就大骂，没想到，齐王的病却因此好了。

所谓“怒动其身形、冲破忧伤烦闷的不良情绪”，有人在愤怒时暴跳如雷、面红耳赤，实际上，这就是一种能量发泄。人们常说：“言为心声，言一出，心便安。”积极的能量发泄可以采取唱歌、怒吼等方式，这也不失为一种轻松的方式。

1. 大声哭泣

哭泣也是一种行之有效的方式，据调查，85%的妇女和73%的男人在他们哭过之后，心情就会好受一些。威廉菲烈博士说：“哭可以将情绪上的压力减轻40%，哭是健康的行为，值得鼓励。”

2. 将不良情绪写出来

将不良情绪写出来，这也是一种自我轻松的方式。一般情况下，写诗、写日记都能够有效地发泄郁积在心中的不良情绪，使情绪恢复到平静。而且，从心理学上说，适当发泄长期以来积压的闷气，可以减轻或消除心理疲劳，比起将闷气郁积在心中会更好，这样可以使我们变得轻松愉快。不良情绪就像夏天的暴风雨，需要我们适当发泄，这样才能净化周围的空气，缓解心中的紧张情绪。不良情绪只会让我们变得越来越抑郁，想要自己获得全身心的轻松，必须寻找一些轻松的方式，发泄心中不满的情绪，驱赶心中的消极情绪，将自己解脱出来。

3. 大声吼叫或大声歌唱

在电视剧《北京人在纽约》里，面临破产的威胁，失败的阴影来袭的时候，王起明一边开车一边高唱“太阳最红……”，获得了心灵上的暂时放松；在日本，每年都要举办一次呐喊比赛，那些情绪不良者向远处的大山大叫，以发泄心中的怒气。或许，对于每一个人而言，他们都有着不同的放松方式，但是，我们最终的目的是赶走郁积在心中的闷气。

4. 激烈运动

有一位商人在谈到自己放松的方式时，他说：“当我自知怒气快来的时候，连忙不动声色地想办法离开，跑到自己的健身房，如果我的拳师在那里，我就跟他对打；如果拳师不在，我就猛力地锤击皮囊，直到发泄完自己满腔的怒火，整个人轻松下来为止。”

小贴士

不良情绪是由于心理上失去了平衡，或者是自己的要求和欲望没能得到满足。因此，我们可以转移心境，寻找一种轻松的方式，这样不良情绪自然就会消失了。

炎炎盛夏，别让情绪中暑

炎热的夏季就快要来临了，一个词语也越来越流行了，那就是人们口中常说的“情绪中暑”。一旦情绪中暑，人的精力自然会松散。什么叫情绪中暑呢？科学家给予了这样的定义：当气温超过了35℃、日照超过12

小时、湿度高于80%，气象条件对人体下丘脑的情绪调节中枢有着明显的影响，人们容易情绪失控，频繁发生摩擦或争执的现象，这被称为“情绪中暑”，或者叫“夏季情感障碍综合征”。随着天气越来越热，人们的脾气也越来越坏，常常因为一件小事就和他人发生口角；有了一点点响动，就变得神经紧张。心理学家说：“每年到了夏天，因为情绪中暑前来问诊的人就超过千人，因情绪中暑入院的市民约占各大医院门诊数的5%，因此，情绪中暑已经成为夏季常见病之一。”对此，随着夏季高温的到来，我们应该警惕“情绪中暑”。

随着炎炎夏日的到来，似乎在一夜之间，所有的人都成为争吵的导火索。天气炎热，让我们感到不适的不仅仅是气温，还有我们那随着气温而不断恶劣的坏脾气。王先生最近几天比较闹心，那天，他开车去上班，刚行驶到半路就和一个面包车司机吵了一架。后来回忆这件事，王先生感到不可思议：“当时，道路有点堵，本来我的心里已经很烦了，可后面那个面包车司机还一直按喇叭。”因为这一次吵架，紧接着，在这一天，他先后和5名不同车辆的司机发生争吵，工作也没效率。晚上回到家，王先生觉得心里很委屈，对着沙发就是一顿暴打。事实上，在炎热夏季，像这样的事情简直是数不胜数。

小曼是一家广告公司的设计师，这个周六，本来自己可以在家吹空调，好好休息一天的，可是她却被告知临时去公司加班。

那天，天气十分炎热，小曼走到公司时已经满头大汗，刚刚坐下，就接到了客户打来公司的电话。正在小曼与客户进行沟通的时候，上司又打电话来，原来，客户与上司的意见有了分歧，小曼感觉自己就快爆炸了。心中涌起一阵无名火，当时，小曼莫名其妙地生气，脑子一片空白，怒气之下，小曼拿起椅子就朝着电脑显示屏砸去，在场的同事们都惊呆了。后来，小曼向公司赔偿了600元，又向公司请了两天假，安心在家休息，调整情绪。

一个人的情绪与外界有着极为密切的关系，尤其在夏天，一旦遇到了持续高温天气，人们就会受到这一环境的影响，相应地，其情绪也会发生变化。一般情况下，低温环境利于人的情绪稳定，一旦气温上升的幅度比较大，人的情绪就会产生大的波动。这不仅给人带来身体上的不适应，还会对心理和情绪造成负面影响。

下面我们来做个小测试，看你是否情绪中暑，如果你符合下列情形中5种以上，那么，我们将怀着同情告诉你，你已经在“情绪中暑”的边缘了：

（1）不管什么事情都会思虑过多，即便想很久也没办法释怀。

（2）不容易全神贯注，即便很想做一件事。

（3）情绪容易焦躁，有时候只是别人一句不经意间的话，也会觉得相当烦躁。

（4）做一件事感觉十分茫然，没有头绪，在做决定时犹豫不决，效率不高。

（5）生活中对某些场合感到恐惧，总想要回避，是转过头回想又觉得自己的行为有些可笑。

（6）有时候可能只是芝麻那么小的事情，也很容易生气。

（7）突然之间，好像对什么事情都提不起兴致。

（8）对未来找不到正确方向，一片渺茫。

（9）经常感到累，身体好像被掏空，吃什么东西都没胃口，常常失眠。

（10）心中总会想很多，尽管知道这些是胡思乱想，却总陷入这样的情绪之中无法自拔。

（11）常常感到头痛、腰痛、颈痛等身体的不适。

那么，如何应对情绪中暑呢？造成情绪中暑的原因，主要是人体对环境的适应能力差。据统计，约有16%的人在夏季会发生“情绪中暑”。“情绪中暑”主要表现为：情绪烦躁，经常因为琐碎的小事而对家人或朋友发火，自己也会感到心烦意乱，不能静下心来思考问题；情绪低落，对任何事情都厌倦，觉得生活过得没劲，对身边的人缺乏热情；行为比较古怪，常常会固执地重复一些行为活动。

对此，心理学家给出如下建议：

1. 多吃败火的食物

在日常生活中，多食用清火的食物，多喝一些清水饮料，如新鲜蔬菜、水果、绿茶、啤酒、菊花露等。

2. 减少外出

在炎热季节，没有特别的事情应该减少外出的次数。当然，在室内休息的话，需要保持室内通风，以散去人体周围的热气，从而减少空气污染，保持身心“凉快”。

3. 情绪转移

炎热夏季，如果遇到不顺心或令人生气的事情，不要去理它，暂时冷静下来，听听音乐，或者做10分钟的“心情放松操”。

4. 养成良好的作息习惯

养成早睡早起和午休的习惯，保持充足的睡眠，才有足够的精力去应付生活以及工作。

5. 保持乐观积极的心态

在平日的生活中，尽量保持平和、快乐的心态，以解热消暑、消除心中疲劳。若是感觉心烦气躁，可以通过自己的发泄方式，如大吃一顿、找朋友聊天等发泄心中的怨气。

小贴士

在炎热的夏季，我们应该尽可能增加休息时间，注意饮食的调整，增加营养。最关键的就是自我调节，如调整休息时间，及时补充水分，多食用开胃的东西，这些都有利于调整自己的情绪。

有效利用精力充沛的最佳时间段

什么是最佳时间段？也就是我们的大脑最活跃的时间段。每天有24个小时，我们的大脑会有最兴奋、最活跃的阶段，也有疲惫而需要休息的阶段。这就好像每天的太阳一样，如在夏天的时候，12—15点钟的太阳是最毒辣的，假如我们想要避开这个时间段或利用这个时间段，那就需要进行一番安排了。大脑就好像一个机器，它不可能一天24小时不停地运转，它也有累、不想动的时候。

因此，我们要想提高做事效率，就要善于去利用最佳时间段，在有限的时间里最大限度地提高做事效率。当然，因为生理特点以及生活环境、做事习惯等不一样，每个人的最佳时间段也是不一样的。那我们在实际做事过程中，就要善于将普遍的最佳时间段与自身特点相结合起来，这样就可以最大限度发挥自己的潜力。

大量研究证明，如果能够合理利用生物钟，掌握最佳工作时间，就能够有效提高工作效率。当然，这需要利用人体一天之中记忆力和专注力最好的时候，那么，一天中什么时候人的记忆力是最好的呢？什么时候才是最佳工作时间呢？据相关生理学家研究，一个人的大脑一天中有一定的活动规律。

6—8点：这时一个人从休息结束进入大脑兴奋状态，由于肝脏已经把人体内的毒素全部排干净，大脑开始清醒，记忆力比较强，比较适合工作和学习。

8—9点：这时人体大脑依然处于极度兴奋状态中，记忆力处于最佳状态，整个人状态不错，精力很旺盛，大脑可以思考一些严谨、周密的事情，可以做一些比较困难的工作。

10—11点：人体处于很好的状态，这样的状态可以持续到中午。性格若是较为内向的人在这个阶段处于精力旺盛的时候，不要以为快要到中午而选择放弃，做任何工作都是可以的。

12点：尽管处于午餐时刻，但人体的精力依然不错，不过，需要按时吃饭，才能补充体力。通常在中午，不要选择喝酒，一旦喝酒之后，下午半天基本上可能做不了任何事情了。

13—14点：吃过午餐之后，整个人有点犯困，白天大脑精力旺盛的阶段已经过去了，这时处于精神比较差的时候，即一天之中的第二个低潮阶段。这时人的大脑反应迟钝，已经感到有些累，应该选择适当休息，午睡时间可以选择30分钟至1个小时。

15—16点：通过午休之后，身体重新获得了精力，大脑在这一阶段比较活跃，精力旺盛。大量实验表明，在这个阶段人的记忆能力是非常好的，如果在工作和学习中需要记忆的可以安排在这个阶段。工作状态也在渐渐恢复，如果是性格外向的人，那这一阶段是精力很旺盛的时候，之后还能够持续几个小时。

17—18点：这一阶段人的体力和耐力进入24小时周期的最高峰，工作起来效率更高。大量数据表明，在这个阶段人们可以选择做一些复杂计算和费脑的工作，所得到的效果是良好的。

19—20点：人的精神开始消退，情绪也处于不稳定的状态，应该适当休息。

20—21点：大脑又开始进入兴奋期，反应也恢复了，记忆力非常好，这一阶段到临睡前将是很不错的记忆时间。

22—24点：这一阶段，人体开始细胞修复工作，精神倦怠，应该适合进入睡眠时间。

紧张的做事实际上就是脑力之间的竞争，做事的效果主要取决于大脑皮层所处的状态。所以，我们要学会科学用脑，而科学用脑最重要的一条就是充分利用好每天的最佳时间段。人在一天的不同时期，大脑活动效率是不一样的，二作时间的最佳选择应该是一天中大脑最清醒的时候。

生理学家通过研究得出这样的结论：24 小时周期内有四个利于工作的阶段，如果能够合理安排，就能够轻松地掌握、提高工作效率。对于我们而言，应该很好地利用这四个最佳的时间阶段：

1. 清晨

可以说，早上是记忆力最佳的时间段。经过一晚上的休息之后，大脑充满了活力，处于极度兴奋的状态，非常清醒。在这个阶段，不管是记忆还是做事，脑子都比较清晰，那些平时记忆起来比较吃力的知识点也会毫不费劲就能记住。

2. 上午 8—10 点

在这个时间段，一个人的精力非常充沛，大脑比较兴奋，思考问题也很容易得出确切的答案。如果工作中遇到了难题，可以选择在这个时间段想办法攻克。

3. 下午 6—8 点

下午 6—8 点是大脑处于兴奋的阶段，是最佳的工作时间。完全可以利用这段时间来工作，适用于整理资料、归纳工作等事宜。

4. 入睡前 1 个小时

入睡前 1 个小时，也是最佳工作的时间段。利用这段时间来加深印象，尤其是对一些难以记忆的东西加以复习，则不容易忘记。

上面所述就是通常的工作时间规律，对于不同的人而言，还有自己独特的工作时间规律和习惯。

小贴士

为了提高效率，要善于发现并充分利用独特的最佳时间段。假如是夏天这样的炎热天气，那就尽可能利用好早晨 2 个小时和晚上 2 个小时，这段时间空气凉爽，效率应该是不错的。

满怀热忱地去工作

爱默生曾说："一个人如果缺乏了热情，那是不可能有所建树的。热情像糨糊一样，可让你在艰难困苦的场合里紧紧地粘在这里，坚持到底，它是在别人说你'不行'时，发自内心的有力声音——'我行'。"在日常生活中，心理暗示现象十分普遍，每天，"暗示"都在不同程度地影响着人们的生活。然而，"心理暗示"分为积极暗示与消极暗示，积极的心理暗示对我们的生活有非常大的帮助，因此，在生活中，我们需要多给自己一些积极的心理暗示，避免消极的心理暗示。

成功大师拿破仑·希尔曾讲述了这样一个故事：

一位将军去沙漠参加军事演习，妻子塞尔玛需要随军驻扎在陆军基地里。由于沙漠干燥高热的气候，令塞尔玛感到很难受，而身边又没有可以倾诉的人，陷于孤独的塞尔玛经常给父亲写信，在信中透露出自己想回家的强烈愿望。然而，拆开父亲的回信，只有短短的两行字："两个人从牢中的铁窗望出去，一个看到泥土，一个却看到了星星。"父亲的回信令塞尔玛十分惭愧，她决定要在沙漠里寻找星星。

从此以后，塞尔玛开始与当地人交朋友，彼此之间互相赠送礼品，闲来无事，她开始研究沙漠里的仙人掌、海螺壳。慢慢地，她迷上了这里，通过亲身经历，她写了一本书《快乐的城堡》。

沙漠并没有改变，当地的印第安人也没有改变，是什么使塞尔玛的生活发生了巨大的变化呢？心态，当然是心态，以前悲观的塞尔玛看到的只是泥土，当心态发生变化之后，乐观的塞尔玛在沙漠里寻找到了星星。对此，杜利奥通过拿破仑讲述的故事提出了自己的理论，并将这理论命名为"杜利奥定律"。

阿基伯特是一名普通的职员，在公司里业绩平平，没有什么才能，是一个毫不起眼的小人物。但是，在他身上有一个令人不解的习惯：每次出差住旅馆，他总是要在自己签名的下面写上“每桶 4 美元的标准石油”，即使在平时书信以及收据上，他也会写上同样的字样。同事们戏谑地称呼阿基伯特为“每桶 4 美元”。

不久之后，这件事传进了公司董事长洛克菲勒的耳中，洛克菲勒很吃惊地说道：“我们公司中竟有这样一位忠心的职员，不遗余力地宣扬公司的声誉，我一定要见一见他。”几天后，洛克菲勒真诚地邀请阿基伯特共进晚餐，在交谈中，洛克菲勒感受到了阿基伯特那份积极乐观的心态。于是，在洛克菲勒卸任后，就将董事长的位置传给了阿基伯特。

在整个石油公司中，一定有比阿基伯特更优秀的员工，但是，却没有人像阿基伯特这样怀着巨大的热情投入工作，一直以积极乐观的心态来面对生活，所以，只有他才是当之无愧的董事长。积极的心理暗示会促使我们获得成功，当然，最简单的方法就是每天对着镜子向自己微笑，肯定自己的优点。

一名运动员的成绩已经快接近世界纪录了，这时候，教练在他旁边轻轻地鼓励他：“你能行，你一定能拿第一名！”积极的心理暗示，激发了运动员全部的潜能，最后，他在比赛中真的赢得了冠军，而积极的心理暗示在其成功中有着不可缺少的推动作用。哈佛告诉我们：“你想成为什么样的人，你就能成为什么样的人。”这本身就是一种心理暗示，当我们习惯以这句话来鼓励自己时，你会发现，自己真的就会成为自己想要成为的那种人。

美国自然科学家杜利奥提出：“没有什么比失去热忱更使人觉得垂垂老矣，精神状态不佳，一切将处于不佳的状态。”这就是著名的杜利奥定律。

1. 积极心态

在生活中，人与人之间只有微小的差异，但是，这细小的差异往往会造成巨大的差异。杜利奥认为存在于人与人之间的差异就是心态，积极与消极心态的差异，他们所对应的将是成功与失败。一个人拥有积极的心态，那么他就已经成功了一半，成功者的明显标志在于他们拥有热情而积极的心态。

2. 暗示自己

在华沙，一个吉卜赛女巫托起小姑娘的手，仔细看了看，说道："你将会闻名世界！"没想到，女巫的话竟然"应验了"，这位小姑娘就是后来的居里夫人。在心理学中，"暗示"是人或环境以十分自然的方式向个体发出信息，个体无意中接受了这种信息，从而做出相应的反应。

心理暗示以含蓄、间接的办法对我们的心理状态产生影响，它是一种提示，让我们在不知不觉中接受影响。

小贴士

"心想事成"的美好祝福依然可以送给自己，心理学家认为：如果一个人认为他所做的事情有可能会成功，那么他成功的机会将比那些认为自己不可能成功的人大许多。这就是一种积极的心理暗示。

第07章 时间

时间表，做好每天的日程安排

一年由365天组成，每一天24小时，你如何做每天的日程安排，通过时间表往往可以清楚地知道自己把时间花在哪里。合理而科学的时间表，将会给我们时间管理一个很好的导向作用。

养成使用“每日备忘录”的习惯

你是否有使用“每日备忘录”的习惯？现代社会总是充斥着各种激烈竞争，几乎每个人都在忙碌地生活着，孩子需要上各种辅导班，培养特长，还需要完成学校布置的作业。在忙碌的日常生活中，有很多需要记忆的工作。但是，一个人的记忆力是有限的，这时需要一个可以提醒和安排自己工作的东西，可以井井有条地处理和安排任务，在有限的时间内完成最紧急、最重要的事，而“每日备忘录”则恰恰有这样的作用。

可以说，“每日备忘录”是我们想要记住却又不愿意长久记在大脑里的讯息、文件和资料的存储器，当我们需要时可以再看一下那些日程安排。每天早上，我们都要养成去看“每日备忘录”的习惯，看看记了些什么事情，真正让备忘录成为一种有用的时间管理工具。同时，因为备忘录的存在，会帮助我们抑制住冲动的情绪，从而做出理智的判断。

对职场人而言，“每日备忘录”是引导其充分开展有效性行动的重要环节。做好“每日备忘录”，需要养成习惯，每天把自己能想到的，现在有的、想的或做的，以及以后想要做的事情都记在上面。当然，“每日备忘录”是一种帮助自己记忆的工具，通过这个方法提醒自己记住那些容易忘记做的事情。比如说，在日期表上记着家人的生日，这就是备忘录。最初，人们习惯性通过画圈或标记等方式直接将事情标注在日历表上，不过日历表因太小而无法将一切的事情都标记下来，毕竟上面全部是日期，所以也没有多余的地方让你把备忘录做得更详细。

张小姐有一个提醒自己还贷的备忘录，每个月3日还信用卡，每个月9日还蚂蚁花呗，每个月20日还银行房贷。有了备忘录，她就不至于忘记还款，避免有信用不良的记录。“每日备忘录”可以是大信封、活动时间，从每月1日至30日，加以编号。比如说你决定在下周二去医院、看望朋友，不妨在“每日备忘录”的日期上做标记。假如定在周五早上，可以在周四的地方做个标记，然后移到周五，便于再看一次。

有些时候，标注的事情附带一些文件，那就可以用档案袋来备忘，比如你在本月15日需要出席一个谈判会，而你需要带一些公司的资料，那么就把这些资料装进档案袋，上面标明谈判会的地点、时间、与会人员和原因。或许你估计会忘记出席谈判会或一时找不到资料，但是只要你记得查对“每日备忘录”，便不会忘记这件事。

1. 可以将文件归类备注

或许，你在未使用“每日备忘录”之前，文件总是堆满了桌子。现在开始学做备忘录吧，将需要处理的文件按照日期放进档案袋，在放置的地方及想要使用的时间做个标记。在每个月的最初打开当月的档案袋，按照预定的时间将文件放进去。

2. 提高做事效率

有了“每日备忘录”，只需要每天早上看一些当天所需要做的事情，然后轻松地去做决定。在适当的时候，便知道出门、计划和报告工作，也用不着花时间和精力在其他事情上，这样会帮助你花很少的时间和精力去提高工作效率。

3. 记录未按时完成的计划

备忘录可以记录自己因各种原因未按时完成的计划，比如你想每周跑步3次，在两个月之前就在“每日备忘录”里做了记号。当回过头来检查计划时，想想自己以前是否做过。如果按照计划进行，就会感受到坚持的那段时间里自己的变化。

4. 促进与他人保持联络

“每日备忘录”可以帮助自己与朋友保持联络，根本不需要担心哪一天需要跟朋友联络。只需要将日期标注在“每日备忘录”里，到时再动手或打电话保持联络，这可以促进自己与他人保持联络，增进人际关系。

小贴士

用“每日备忘录”记录每天需要做的事情，一旦你熟悉这种方法，就会发现这是简单而有效的时间管理工具。当然，不管在什么时候，高效工作都是“每日备忘录”的延伸，需要对备忘录进行精心策划。

尽可能地保证充分的工作时间

爱因斯坦曾说：“人的差异产生在业余时间。”我们从这位科学家的话里，就可以看出他是多么重视、珍惜时间，同时也是运用时间的高手。对我们来说，没有时间保障，那工作就没办法进行，所确定的目标和计划也就没办法实现。

如今，职场人的压力也很大，而工作时间有限，自己可以支配的时间并不多，那赢得时间就显得非常重要了，因此要充分利用一切可以利用的时间，以此来执行自己的计划、实现自己的工作目标。在工作过程中，要养成珍惜时间的好习惯：切实加强工作时间的计划，按计划进行做事，在最佳的时间里尽量多安排工作任务，所谓乘胜追击，就是这个道理；养成良好的工作习惯，比如上班时间不在办公室聊天、关掉即时通信工具，做方案时不宜一边看电视或听音乐一边工作等；注意在每天睡前做一下总结，看当天的工作任务是否完成及时间是否抓得紧等；要牢牢记住今天的事情今天完成，不要总安慰自己明天一定能完成，更不能养成拖沓的坏习惯。

一位高考状元在谈到学习时间时，这样说道：“刚上高中时，我的学习成绩并不是很好，只在年级的中游水平。后来我能够成功地考入北京大学，一个很重要的原因就是我能够笨鸟先飞，平时寒暑假、节日放假的时间我都能合理地安排。”

那么如何安排寒暑假呢？他说：“假期相当于是下一学期最好的预习时间，我通常会选择在寒假预习下学期的课程，特别是英语课，而且还需要提前托人借课本，或者直接购买课本以及相应的同步资料。在整个假期做好周计划、月计划、日计划，最好是做细致，细致到每天看什么书、做几道题。不过，也不是天天看书，需要劳逸结合，周末则选择休息，比如逛街、买书，偶尔会约着同学一起出去郊游。这样一来，经过周末的休息，学习兴趣更加浓厚了，该玩就玩，该学习就认真学习。一个假期结束，我对即将要学的课程已经非常熟悉了。等到上课时，我可以顺便将已经掌握的知识复习一遍，对自己不清楚的知识点则向老师请教。我一直相信笨鸟会先飞，只要勤奋努力学习，就一定会有所收获。我在高二上学期结束的时候，已预习完高中阶段的英语课文，对语文基础知识手册的基础内容也有所了解，这样为高三语文系统全面复习减少了阻碍。”

假如是工作比较繁忙的阶段，那对我们来说，比较可行又妥当的过双休日的办法还是以工作为主。通常情况下，双休日两天，一共安排的学习时间以 8—10 小时为最佳。其他时间，可以按照自己的环境和条件，如到公园放风筝、游园、打羽毛球、溜冰，还可以在家里搞一个家庭读书报告会、诗歌朗诵会、卡拉 OK 演唱会等，这就会让你过一个知识性、趣味性、科学性为一体的双休日。

1. 将时间分为工作时间和非工作时间

时间可以分为工作时间和非工作时间，非工作时间包括吃饭、睡觉、走路、娱乐、锻炼等必须支出的时间。在平时的生活中，我们不能挤占非工作时间，因为这是高效工作的基础；对于上班时间，可以按照公司的进度来进行，别利用这段时间做其他的事情，否则会本末倒置。而剩下的就是自己可以自由支配的时间，把它们按照前面所制订的工作计划分配到每天，遵循了科学规律，自然会提高做事效率。

2. 科学安排时间

科学研究表明，人在一天 24 小时中，工作效率有高潮和低潮，大部分人在上午 8—10 点、下午 3—6 点、晚上 8—10 点是工作效率最高的时间。上午 8 点大脑具有严谨、周密的思考能力，晚上 8 点记忆力超强，而中午 1 点左右是脑力和体力的低潮。每个人具体的自身情况只有自己才最明白，必须要明确自己各个时间段的状态，按照自己每个时间段的特点相应地分配工作任务，这样才可以提高效率。那些整段的时间用来完成需要思考的工作任务，如做报告、策划等，零散时间用来记忆最基本的知识，如单词等，思维能力强的时间段用来做编程等，记忆能力强的时间段用来记忆知识。

3. 利用零散时间

时间对于每个人而言都是公平的，每天都有 24 小时，实际情况并不是这样。大部分人发现自己的时间根本没办法满足工作的要求，其中一个主要的原因是有很大一部分时间十分零散，如休息时间、等车时间、睡觉前的时间。我们很容易忽略这些零散的时间，它们看起来是如此的不起眼，不过，汇集到一起就不一样了，因此我们要善于利用零散的时间来做事。比如利用这些时间用来记忆单词。此外，还需要好好利用双休日和节假日，许多人会选择休息，不过不可能全部用完，那剩下的时间积攒起来还是十分多的。

小贴士

其实，做事就是这样，只要你按照工作进度，把时间妥善地安排好，按规律执行。通常情况下，工作时间的安排不宜太长，也不宜规定得太细，这是因为在执行过程中很可能因为领导一个突然的要求就会打乱安排。比如一周里每一天做什么，给出一个大概的时间分配。

每天坚持阅读30分钟

读书为我们开启了探究过去、现在、未来奥秘的大门；读书引发高雅的谈话，可以培养高尚情感以及思维的深度；读书可以促使我们关注生活，重视生命意义。假如你不爱读书，那需要激发读书的兴趣。可以说，兴趣是最好的老师，我们每天愿意花两个小时看电视，却不愿意花30分钟看书，这就是我们现在的读书状态。

对许多人而言，喜欢读书、学习、阅读、是一种缓慢、困难的过程，不过，只要我们每天坚持读书30分钟，时间长了，就会成为习惯，习惯久了，就会成为一种自然，读书也就会成为我们生活中的一部分。

有人说："杰奎琳的第一个魅力是深不可测的智慧美。"熟悉杰奎琳的人，都会了解她与书不得不说的故事。可以说，杰奎琳是一个非常喜欢阅读的人，她对书的痴迷程度，令普通人难以想象。不信，你可以看看丈夫肯尼迪的评价："简直没办法理解她为什么如此喜欢看书。"

杰奎琳简直可以说是博览群书，她喜欢看任何类型的书，而且总是保持认真的状态，特别偏爱诗集、历史书籍或关于艺术的书籍。随着岁月的增长，以及地位的升高，杰奎琳更加认真阅读，似乎只有通过这样的方式来提升自己，才可以匹配她所处的位置。因为热爱阅读而卓有智慧，即便她离开白宫之后依然会成为人们谈论的对象，甚至变得更加优秀，成为一代最具影响力的女人。

如果你去过杰奎琳的家，就可以感受到她对书籍的热爱。在公寓和别墅里几乎装满了各种书籍，甚至连桌子、桌子下、沙发和椅子上都堆满了书，这个家简直可以媲美图书馆。杰奎琳认为，书和学习可以铸就一个传奇的女人。所以，她经常会告诉朋友希拉里“做一个读很多很多书的女人”。

莱因霍尔德曾这样说：“杰奎琳在社会学和神学上表现出的智慧感动了我，我被杰奎琳感动以后，便下决心支持她的丈夫。”戴高乐在见识杰奎琳的智慧之后，这样说道：“杰奎琳女士对法国历史的了解程度远远超过了法国本土的妇女们，她并不介入政治，但又给自己的丈夫赋予艺术和文学支持者的名声，自从认识杰奎琳以后，我对美国更加信任了。”

杰奎琳非凡的智慧当然应该归功于自己的终生学习，即使在自己地位和名声升高的时候，她也不放弃读书。而且，变得更加刻苦地学习，并通过学习来提升自己的文化修养，只能说，她不愧于第一总统夫人的称号。

4 月 23 日是西班牙作家塞万提斯和英国作家莎士比亚的逝世纪念日。1995 年，联合国教科文组织将这一天宣布为“世界读书日”。书是人类文明的主要承载者，是积累了人类无穷智慧和想象力的传承媒体，给予了人们众多情感的交集。一个不读书的人，目光是短浅的，精神世界是空虚的，甚至心灵也会扭曲变形，以至于善恶不分，就好像一个不完整的人浑浑噩噩过日子，自己却觉得潇潇洒洒，实际上是虚度了年华，荒废了自我。

假如时间紧张，确实没有多余的时间用来读书和看书，也要发扬坚持到底的精神。确定每天坚持读书或看书的时间，即便是 10 分钟也要坚持，规定每天必须读书或看书多少页，即便是每天坚持读书或看书 10 页。读书可以拓宽视野、丰富知识、增长才干，还可以净化心灵、陶冶情操，充实自己的精神世界。

1. 从读书中感受乐趣

让读书成为一种习惯，有的大学生可能会说：“我从早到晚不都是在读书吗？”如果我说：“你现在所读的书，如果不考试，你还会读吗？”

你会怎么回答我呢？如果答案是否定的，那么说明你还没有养成读书的习惯。有的老师可能会说：“我已经读了太多的书，我的知识储备已经足够把我的工作做好了。”如果我说：“面对日新月异的时代，面对不断变化的一届又一届新的学生，你有没有过捉襟见肘的困窘？”如果答案是肯定的，那么说明你还没有从读书的习惯中得到生存甚至生活的乐趣。

2. 每天坚持读书 30 分钟

我们要想丰富自己的知识底蕴，那就要培养每天读书和看书的良好习惯。根据自己的年龄特点和学业任务的轻重，确定每天读书和看书的具体时间。通常情况下，早上起床洗漱后比较适合诵读，诵读时间在 30 分钟以内，上午、下午或晚间坚持看书，时间也是以 30 分钟为宜，晚间也不可以超过 60 分钟。

小贴士

我们一定要监督自己坚持下去，直到自己觉得每天不读书、不看书感到不习惯为止，这就培养了自己认真读书和看书的习惯了。阅读，不仅能扩展我们现在的空间，还能给我们指明未来的方向。

每天睡前自省，总结和了解自己

其实，在工作生活中，我们除了向别人提出问题之外，还要善于向自己提问。向自己提问，其实是对自己的一个很好的总结。在生活中，我们既不能时刻来反省自己，看清自己，也不能把自己放在局外人的位置来观察自己。因此，在大多数的时候，我们只能借助外界的一些信息来认识自己。所以，我们在认识自己时很容易受到外界信息的暗示，迷失在环境里，并习惯性地把他人的言行作为自己行动的参照。向自己提问，就是进行每日总结，以此来了解自己。

曾国藩在30岁左右的时候，给自己制订了严格的修身计划，曰“日课十二条”，主要包含以下内容：

（1）主静：无事时整齐严肃，心如止水；应事时专一不杂，心无旁物。

（2）静坐：每日须静坐，体验静极生阳来复之仁心，正位凝命，如鼎之镇。

（3）早起：黎明即起，绝不恋床。

（4）读书不二：书未看完，绝不翻看其他，每日须读十页。

（5）读史：每日至少读二十三史十页，即使有事亦不间断。

（6）谨言：出言谨慎，时时以“祸从口出”为念。

（7）养气：气藏丹田，修身养性。

（8）保身：节劳节欲节饮食，随时将自己当作养病之人。

（9）日知其所亡：每日记下茶余偶谈一篇，分为德行门、学问门、经济门、艺术门。

（10）月无忘所能：每月作诗文数首，不可一味耽搁，否则最易溺心丧志。

（11）作字：早饭后习字半小时，凡笔墨应酬，皆作为功课看待，绝不留待次日。

（12）夜不出门：临功疲神，切戒切戒！

——引用自曾国藩“日课十二条”

曾国藩年轻时就坚信，所谓的本性不移简直是不能相信的，他相信一个人的品行是能够改变的。于是，他立下了远大的志向，然后不懈地追寻，尽可能地改变自己，从而实现自己的远大志向。曾国藩用亲身经历告诉人们，做任何事情都需要脚踏实地。他曾经在一个月中有三天未能按时起床，于是，他便责怪自己，说自己是禽兽，是懒鬼。当时，他还记录下自己睡懒觉、不想起床的那一瞬间的想法。在他看来，虽然好像自己想睡懒觉就睡懒觉，自以为别人不知道自己懒，但是身边的人看不见吗？比如仆人肯定看到自己在睡懒觉。既然大家都知道了，自己为什么还自欺欺人呢？于是，他更加追寻自己的志向，他就是如此鞭策自己的。

曾国藩问自己，“我以为别人不知道，我睡懒觉就睡懒觉，可清醒之后便想：难道仆人不是人吗？难道仆人就见不到我睡懒觉吗？既然天知、地知、别人也知，那我为何还这么虚伪呢？”这其实就是很好的自我总结，据说曾国藩有晚上写日记的习惯，其目的就是睡前问自己，总结自己一天在言行上的不妥之处，好的继续发扬，不好的则记下来需要改之。这就是一个很好的习惯，每天睡前反省自己，可以更好地了解自己。

萨拉女士，曾担任某银行董事长，同时兼任几家大公司的董事，是美国财经界的重要人物。一个女人，怎么会赢得如此的成功呢？这源于萨拉女士多年自省的习惯。

从懂事那天起，萨拉女士总是随身携带一个小本子，将自己每天需要做的事情记录在上面。而且，萨拉女士还会定期反省，比如每个周五的晚上，就是她的自省时间。在这段时间，她会完全推掉所有的社交活动，哪怕是家人聚会，她会一个人在家里进行认真反省。在自我反省的过程中，她总会把过去一周的工作进行梳理、反思。

周五晚上，萨拉女士吃过晚餐之后，会打开小本子看之前一周的记录，回忆工作的面谈、商讨以及会议过程。萨拉女士经常会反思：当时自己是哪里做得不到位？有哪些地方是做得好的，接下来需要继续坚持？从这些事情中可以得出什么样的经验？等等。虽然，这样的自省会让萨拉女士意识到自己的缺点，从而感到有些烦躁。但是，她依然每周坚持这样做，甚至回忆起自己做的一些事情也觉得很奇怪。

最后，随着年龄不断增长，那些犯错的事情就会越来越少。不过，萨拉女士一直坚持每周的自我剖析，这样的习惯让她受益匪浅。

假如有人问萨拉女士是如何赢得成功的，那么她会说："因为我一直保持自省的习惯。"萨拉女士从小所受的正规教育十分有限，她最开始在一个乡下的小店做店员，后来发展成为美国钢铁公司信用部经理，从此事业蒸蒸日上，而这一切不过是源于她保持自省的习惯。

当达尔文刚刚完成其不朽的著作《物种起源》的时候，他已经预料到这个革命性的学说公开发表必然会给整个宗教界乃至学术界带来震撼，所以，他花了15年来寻找自己的不足之处，不断进行自我批判，不断地向自己的理论挑战，批判自己的结论。所以，与其等着别人来批评我们或者批判我们的工作，倒不如自己严格要求自己，做自己最严格的批评者。

当我们在施行工作计划的时候，最好是每日睡前总结，完成睡前"七问"。入睡前的总结工作，其实也是很有效率的复习手段之一，那么，在睡觉前我们应该问自己哪几个问题呢？

1. 今天工作有所收获吗

躺在床上，开始回忆白天的工作，回想自己在工作中收获了什么，做了哪个方案，客户的反映如何，以后还有哪些需要改进的地方，等等。将这些工作梳理一遍，加深在大脑中的印象。

2. 在工作上我投入激情了吗

有激情地工作，才是有兴趣地工作。当同事都在工作的时候，我是在跟别人聊天，还是在玩游戏？领导开会的时候，我又在认真思考吗？还是思想开小差了？等等。假如自己真的在认真工作，那明天将继续保持这种状态；假如自己上班不认真，那就要自己反省，下次争取改正这个坏习惯。

3. 我今天的得与失在哪里

得与失，将是今日的收获。得，就是从工作中学到了哪些知识，自己在思维上有什么明显的变化，让自己懂得了什么道理；失，就是因为工作不认真所造成的失误等，可以花时间和精力补回来。善于总结才能有所进步。

4. 明天我还有哪些任务

临睡前，再想想，明天自己还有哪些任务呢？除了按时上班之外，需要写个方案？做个 PPT ？阅读一篇课外文章？听 1 个小时的英语？

5. 今天我过得快乐吗

我们要学会享受工作，才能体会到工作的乐趣。今天的工作快乐吗？快乐是因为什么造成的呢？是因为职业的魅力。不快乐是什么造成的？仅仅是因为工作枯燥吗？还是自己某方面的原因？

小贴士

事实上，富兰克林也保持着每晚一次的自省。他总结出自己 13 项致命的错误，其中有 3 项是浪费时间、琐事太多、与人争执。年长睿智的富兰克林很清楚地意识到，假如不改正这些缺点，他就难以成大事。

每天坚持做好一件事

生活中的坎坷多是由自己、由心造就的。你之所以迷茫甚至跌倒，多是因为你没有看清自己的实力，选择了一条不适合自己走的路。每天积累一点点，成功就会更快降临。但你要知道，成功的尺度不是做了多少工作，而是做出了怎样的成果。确立了目标并坚定地"咬住"目标的人，才是最有力量的人。

目标始终如一的人，能抛除一切杂念，聚积所有的力量，全力以赴向目标挺进。把你需要做的事想象成一大排抽屉中的一个小抽屉。你的工作只是每天拉开一个抽屉，令人满意地完成抽屉内的工作，然后将抽屉推回去。不要总想着所有的抽屉，而要将精力集中于你已经打开的那个抽屉。

一旦你把一个抽屉推回去了，就不要再去想它。

一位曾经到阿拉斯加拜访过爱斯基摩人的作家，回来之后向人们讲述了他在那里的一个见闻：

在阿拉斯加，如果你问一个爱斯基摩人："你多大了？"那么他们会微笑着跟你说："我不知道，我也不关心这个问题。"如果你再继续问下去，他们会回答："不到一天大！"原来，爱斯基摩人相信，自己到了晚上入睡时就会死去。但是当太阳升起来的那一天，他们又满血复活了，整个人获得了新生。所以，在爱斯基摩人心里，没有一个人能活得过一天，也正是如此，每一个爱斯基摩人的脸上都没有焦虑和烦恼，他们总是在开开心心地度过生命中的"每一天"。

"不到一天大！"——这并不是爱斯基摩人的一句玩笑话，仔细地回味这种"不到一天大"的生命心态与理念，你的心中一定会增添一份深刻的崇敬，甚至还感受到一种莫大的震撼。

给自己一个清晰而合理的目标，在较短的时间内、正常的努力幅度下，它是能高高地踮脚就能够到的，这样的目标才会对你的人生具有推进的作用。而那些看似远大，只能当作谈资而最终束之高阁的理想，对于它的过分追求，最终会成为一种妄想。

泰德·本杰明，曾经在欧洲服役，现在居住在美国马里兰州的巴铁摩尔城纽霍姆路5716号。在战场的那段时间，忧虑曾经一度令他精神崩溃。

当时，泰德在94步兵师担任士官职务，主要是收集和记录作战死亡、失踪以及受伤的士兵名单。同时需要帮助挖掘被慌乱之中埋葬的盟国及敌国士兵的尸体，将这些人的遗物转交给他们的家属或最亲密的朋友，毕竟这些遗物对他们亲友具有很大的纪念意义。

泰德的工作很烦琐，他总是担心自己出错，造成难堪，所以他每天都在担心。有时候，他甚至会胡思乱想：在这战乱时期，自己是否可以安全度过这段时间？自己是否可以活着回去？那个16个月大的儿子，自己从来没见过，是否可以回去拥抱他呢？泰德又担忧又疲惫，竟然瘦了整整34磅。泰德心中充满着对未知的恐惧，以至于精神恍惚，差点疯掉。无聊时，他总会呆呆地看着自己剩下皮包骨的双手，想象着自己回家时非常瘦弱的样子，一瞬间陷入一种恐慌之中。泰德的精神彻底崩溃了，他像一个无助的孩子一样哭泣。他感觉自己非常脆弱，一旦只有他一个人待着，他就会伤心得无以复加。在坦克大战开始后不久的一段时间里，泰德经常哭泣，他对生活完全失去了信心。

1945年4月，每天处于焦虑中的泰德最终被医生诊断为“结肠痉挛”。这种病会给人带来很大的痛苦，不过病因却是过分忧虑。泰德心想，假如当时战争没有马上结束，他大概会完全崩溃。

最后，泰德住在陆军诊疗站，一位军医给了他改变一生的忠告。当军医给泰德做完全面体检之后，告诉他说：“泰德，你的毛病是在心里，我希望你可以将生活当作一个沙漏，你知道任何人都无法让超过一粒的沙子同时通过瓶颈。在生活中，我们每个人都好像是一个漏斗，每天都有许多事情需要我们尽快去完成，但是我们只能一件一件地完成，假如我们让工作如同沙粒一般均匀地缓缓通过瓶颈，那整个沙漏是可以正常工作的，我们的生理和心理也是非常健康的。”

每天做好一件事，每天都能做好手边的事，有几个人能够做到？在现实生活中，有些人并不是好高骛远，在生活的重压下，眼前的一点点收获和利益不足以满足他们那颗强烈追求的心。于是，他们的眼光变得很长远，长远到遥不可及但却异常渴望。不知不觉，高不成低不就成了他们的习惯，在对生活的憧憬中，偶然有一天他们低头会发现，原来自己每一天都荒废了，都在原地的小小的圈子里踏步，远走的是心，而不是自己的脚步。

1. 认真对待每一天

只有每次只面对一天，并且把每一天都当作一辈子来过，我们才会万分珍惜这宝贵的一天的每一分、每一秒时光。把每一天都当作一辈子来过，那么，谁还会有时间，去挥霍、去做些无用功呢？

2. 用心做好一件事

用心把一天中最重要的那件事做好，执着地追求，你就会发现，你所有的行动都会带领你朝着这个目标迈进。在激烈的竞争中，如果你能做好一天中最重要的事情，成功的机会将大大增加。

小贴士

人生的时间、精力极其有限，想让有限的时间、精力造就人生最大的成功，就必须要拣对成功价值最大的事情去做。也就是说，我们每天都要有清晰的目标可以追求，每天做好一件事，这一个月，这一年，你将会有巨大的成长和收获。

每天学习一点点，日趋完善自己

许多人在即将步入或刚刚步入社会的时候，都拥有奋力打拼、成就事业的野心，他们往往觉得自己已经学成出徒了，该到了大显身手、建功立业的时候了，他们觉得在学校的时间才是真正学习的时间，走出学校需要的就是拼搏、拼搏、再拼搏。

事实真的是这样吗？就一个普普通通的本科毕业生来说，6 年小学、6 年中学、4 年大学，加在一起有 16 年的时间待在学校，那么一个人在学校到底学到了什么东西？你肯定听到过新入职的毕业生说过 “学校里学到的知识直接用于工作的部分几乎没有多少。参加工作之后，我才开始真正地学习用以谋生的知识！”

教室里，大学时代最后一科考试马上开始了，一群看上去洋溢着青春激情的大四学生正在谈论着美好的未来。马上就要告别校园进入社会了，他们带着学业有成的自信和满脸的愉悦。有的已经通过实习找到了合适的工作，有的会即将找到工作。大学四年所积累的知识，以及全身迸发的力量，让他们相信自己已经准备好了走入社会。

所以，这最后一次考试算什么呢。简直是小菜一碟。在考试之前，教授还曾说："这次考试你们可以带书或笔记，只要不交头接耳就行了。"所以，他们毫无压力地走进考场，相互鼓励着。

终于开始了，当试卷发下来的时候，他们看起来更轻松，浏览过去只有仅5道题目，看上去好像不困难啊。但是，事情好像远没有这样顺利。考试持续了3个小时，眼看着就要结束了。教授站在讲台上，已经开始要准备收试卷了，不过之前还自信满满的学生们却看起来有些沮丧，每个人看上去都烦躁不安，没有一个人交试卷。

教授看着这些带了四年的学生，问道："现在全部做完的都有多少人？"这话一说，没有一个人举手，教授又问："那么做完4道题的有没有？"依然没有人回应。

教授继续问："3道呢？两道呢？"依然没有人回应，教授又问："那么，做完1道题的总该有吧。"教室里依然是一片安静。

这时教授才说："其实我早就料到了这样的结果，这次考试就是告诉你们，虽然你们已经结束了大学四年的学习，但是依然有很多东西你们是无法知道的。哪怕是你们本专业的，也有很多东西不知道。"然后教授微笑着说："没事，你们都会通过这次考试。不过希望你们能够记住，尽管你们已经从学校毕业，但是学习永远没有结束的那一天，学习才刚开始。"

对于刚刚步入社会的年轻人来说，行业与职场上的竞争压力日渐增大，一个人要想在社会上更好地生存，在自己的职位上谋求更大的发展，在生活中拥有更高的生活条件，就必须让自己懂得并践行终身学习的道理。

被称为"台湾芯片之父"的张仲谋曾说："当我回顾这几十年的工

作生涯，我发现只有在工作前5年，用得到过去在大学、研究院所学的20%—30%的知识，之后的工作生涯，直接用到的部分几乎等于零。”

1. 升级自己

宋朝思想家朱熹说过：“无一人不学，无一时不学，无一地不学，无一物不学。”这正是终身学习的一种境界。我们常说“活到老，学到老”，在生活和工作中不断地充实自己的头脑，积聚更多更新的知识，在“升级”大脑的同时，增强自身的竞争力，成功和财富就会自然而然地流到你的身边。

2. 坚持终身学习

苏格拉底曾说：“世上只有一样东西是珍宝，那就是知识；世上只有一样东西是罪恶，那就是无知。”由此可见，终身学习，不断获得新知的重要性和必要性。“我们今天知道的东西到明天就会过时。如果我们停止学习，就会停滞不前。”多萝茜·比琳顿的这句话，再一次强调了终身学习与自我进步相辅相成的关系。

“逆水行舟，不进则退”的道理听起来很浅显，但做起来实属不易。终身学习就是要随时保持高涨的求知的热情，以谦虚的心态观察周围的事物和人，见贤思齐，学习他人的优点，掌握更精深的专业技能。

小贴士

如果你认为自己已经学会了一切，并不准备继续学习了，那么在你做出这个决定的那一刻就是你的竞争对手开始超越你的时刻。只有准备用一生去学习并付诸行动的人才会获得更长久的发展！

第08章 Time 时间

执行力，别想得太多而做得太少

你有拖延的习惯吗？是否总是无法完成任务？总是记不住时间？你以为自己很懒惰，事实上这是源于内心的拖延心理。习惯拖延、缺少执行力的人总是说：“明天再做吧。”然而，明天有明天的事情。

别把今天的事情留到明天

《塔木德》中写道："金钱能够储蓄，而时间不能储蓄。金钱可以从别人那里借，而时间不能借。人生这个银行里还剩下多少时间也无从知道。因此，时间更重要。"犹太人用投资来做比喻，投入多少不能用金钱来衡量，而是要用时间计算。他们觉得，在时间和金钱这两项资产中，时间显得更为重要。只有时间才是最宝贵的，他们还认为一个人如果认识到时间宝贵的那一刻，也会变得富有。由于时间观念极强，所以无论是在生活中，还是在工作中，犹太人都极为珍惜时间。他们做任何事情的原则就是今天能完成的事情绝对不会拖到明天。

哈同在做看门工的时候，晚上还会用自己休息的时间阅读一些经济类的书；洛克菲勒更是愿意一天工作 48 个小时，来达到自己的工作量。他们都会在别人休息的时候开始努力地工作，于是，他们总能比别人多一些成功的机会。

1989 年 3 月 24 日，在阿拉斯加，埃克森公司的一艘巨型油轮不幸触礁，造成了大量原油泄漏，给当地的生态环境造成了严重的破坏。不过面对这一状况，埃克森公司却一直没有做出大家期待的反应，引起了国际社会的反感，导致了一场"反埃克森运动"。就连当时的美国总统布什也惊动了，最后，埃克森公司形象严重受损且以损失高达几亿美元而告终。

行动的天敌常常是人们的拖延，而能够停止拖延的最好办法就是马上付诸行动。犹太人只占全世界人口的百分之一，但全球百分之七的财富都掌握在他们手中。这其中的一个重要原因，就是犹太人是做行动的主人。我们做任何事情都要尽自己最大的努力，别把今天的事留给明天。时刻谨记“今日事，今日毕”。保持较强的时间观念，绝不拖延时间，也不会浪费时间，总是致力于把一件事做好。

在犹太国家，不管你走进任何一个成功人士的办公室，你都会发现一个很大的特点：办公桌上从来不见未处理的工作。

一直以来，闻名世界的犹太人就有很强的时间观念，他们觉得浪费时间是非常可耻的。今天的事情一定要今天完成，明天还有明天的事情，绝对不会把今天的事情拖到明天，当然，把昨天的文件积压到今天的做法也是非常不对的。

对犹太人而言，珍惜每一分钟的时间，然后去衡量它的价值，是十分重要的。所以他们养成了良好的工作习惯，文件从来都是当场签批。如果办公桌上堆着很多需要处理的文件，而刚好里面有一些是十分重要的文件，如果未能及时处理，将会对工作、公司造成很大的影响，这简直是没有必要的麻烦。

一位著名的犹太商人这样说：“对于商人而言，办公桌的文件大部分都是有业务往来的信件、商业密函等，里面的内容都是一些很重要的商业信息，有的可能是希望有业务往来，有的可能是商品交易。每一个文件都是一条有价值的商业信息，很有可能成为商人一个扩大业务的机会。你想那么多未处理的文件积压在办公桌上，哪怕有一条需要马上回复的信息，等到第二天再处理，也已经为时已晚。毕竟每个人的时间都是很珍贵的，客户迟迟没有收到这边的回复消息，对方也会选择放弃，另外选择业务伙伴。假如真的是这样，对商人而言将是莫大的损失。”

犹太人对这一点的意识非常强烈，所以，每一个犹太人对自己手中的文件都是非常重视的。

犹太人在上班时间里，专门安排了处理商务文件时间。一般而言，在上班后的大约1个小时，犹太人称为“第克替特时间”，就是处理文件时间。他们在这段时间里，会阅读前一天下班至今天上班之间所接到的商业文件，并逐一回信，用打字机将信打好让秘书及时发出去。

通常在“第克替特时间”，犹太人总是全神贯注地处理文件，追求高质量、高效率地工作，他们会谢绝一切的打扰。假如有人到访，势必会影响阅读文件的速度和工作效率。

在犹太人之间，通常他们会说这样一句话：“现在是第克替特时间。”这句话，在犹太人的话语里有公认的意思，意思就是“谢绝会客”。

犹太人用“第克替特时间”来处理文件，这样能够做到高效率地办事。犹太人一般把“马上解决”这句话作为自己的座右铭，所以，他们特别注重办事的效率和时间。如果他们有事情，就马上致力于去找到解决的办法，而不是一拖再拖，他们极其重视时间观念。所以在他们看来，拖延昨天的工作，是最可耻的事情。他们力求今天的事情今天就能够完成，而不是拖到明天。

小贴士

如果认定是今天必须要完成的事情，就竭尽全力地去完成它，哪怕别人已经下班了，也要坚持把事情做完才下班。这就使得我们养成了做事严谨、珍惜时间的习惯，这也成为我们能够成功的一个重要条件。

做事不拖延，马上行动

有人说自己是一座宝藏，挖掘得越深，获得的越多。也有人说，自己是一匹奔腾的野马，重要的不是学会怎样提速，而是学会控制自己。

人有各种各样的优缺点，也有一种惰性，这种惰性经常导致计划落空。人在计划落空时又很容易形成新的计划，新计划其实是旧计划的翻版。结果就是，一项计划翻来覆去总没有结果。这是十分悲哀的事情。成就一番事业必须雷厉风行，要有一种魄力，说干就干，一点也不拖延。这是成就事业的一种品格。

朗费罗说："我们命定的目标和道路，不是享乐，也不是受苦，而是行动。"胸有壮志宏图，但若不能付诸实施，结果只能是纸上谈兵，毫无实际意义。

拖延是一种坏习惯，它会让人在不知不觉中丧失进取心，阻碍计划的实施。一个人如果进入拖延状态就会像一台受到病毒攻击的电脑，效率极低。拖延最常见的表现就是寻找借口。虽然目标已经确立了，却磨磨蹭蹭，像个生病的羔羊，没有一点精神。不论什么时候，他总能找到拖延的理由，计划当然就会一拖再拖，成功却遥遥无期。

安尼瓦尔是一名销售员，他为自己制订了一个完整的销售方案。他第一天到公司上班的时候，他没有去做销售工作，而是在办公室里听歌，他觉得他的销售方案太完美了，不用那么急着去做工作。第二天他仍然没有去做销售，他对自己说，我是学营销专业的，销售对我来说太简单了，不用急。结果一个月过去了，他没有一点销售业绩，老板只好把他开除了。但是老板很惋惜，因为他的销售方案确实非常完美，只是安尼瓦尔没有立刻去执行。

那么对于一个人来说，拖延又会带来什么灾难性的后果呢？对一个渴望成功的人来说，拖延将成为制约他取得成功的桎梏。在公司没有一个老板喜欢有拖延习惯的员工，在家里没有一个妻子喜欢有拖延习惯的丈夫。

社会学家卢因曾经提出一个概念，叫"力量分析"。他描述了两种力量：阻力和动力。他说，有些人一生都踩着刹车前进，如被拖延、害怕和消极的想法捆住手脚；有的人则是一直踩着油门呼啸前进，如始终保持积极、合理和自信的心态。

刚开始，哈里仅仅是一名美国海岸警卫队的厨师。偶然的一个机会，他为同事代劳写了情书这件事后，他开始逐渐喜欢上文字写作。

有了浓厚的兴趣，哈里开始给自己制订目标：花 1 ~ 3 年的时间写一本长篇小说。说干就干，他马上行动起来，每天不间断地写东西，不知道疲倦。把写好的文章寄发给各大杂志报社，希望能够得到人的认可。

8 年之后，哈里一篇仅有 600 字的作品终于在杂志上刊登了。然而，他对此并没有灰心丧气，希望能在这件事上坚持到底。工作退休后，他每天坚持写作，他的稿费很少，欠款却越来越多。虽然这样，哈里依旧怀揣着当初喜欢写作的心情继续写，朋友们表示不理解，纷纷劝导："请忘掉作家梦吧。"甚至还帮他介绍了一份工作。不过哈里却说："我需要不停地写作，因为我依然喜欢，且我想成为一名真正的作家。"

4 年之后，哈里的小说《根》终于面世，当时引起了大轰动，光是在美国就发行了 530 万册。后来，这部小说还被改编为电视剧，有超过 13000 万的观众看过这部电视剧，在当时创下了电视剧收视率的历史最高纪录。

哈里终于成为了著名作家，不仅收入超过 500 万美元，而且还获得了普利策奖。

有了目标后，最重要的就是放弃任何借口，立刻将它付诸实施，并且坚持到底。我们常说，千里之行，始于足下，就是要求我们行动起来，把心中的梦想通过立刻行动变成美好的现实。如果只是因为自己有一个美好的梦想就沾沾自喜，而忘记了行动的力量，那么无论天上的星星有多么漂亮，你也不能够把它捧在手中；无论对岸的风景有多么诱人，你也不能够亲眼看见；无论海中的贝壳有多么美丽，你也不能够把它挂在你的胸前。

那么，拖延心理是怎么产生的呢？

1. 潜在的恐惧心理

许多恐惧是我们意想不到的，许多人明明对一些事情充满恐惧却不清楚自己到底在害怕什么，有的人声明自己并不害怕，但他却一直在逃避某些事情，这些就是潜在的恐惧心理。有的人越是逃避，越是害怕，为了逃避这些，只能慢慢拖延，如害怕繁重的工作，就早上不想起来，总觉得有一种畏难情绪。

2. 时间作息混乱

通常拖延症患者的时间作息表都是混乱不堪的，如盲目乐观地估计自己的能力，他会想在睡前加班将工作完成，事实上他根本不清楚知道自己是否能顺利完成；恐惧确切的时间，有的人十分恐惧时间，比如总是等到主管催了一次又一次，才会交上自己的工作任务；没有具体的规划，拖延症患者根本不知道自己完成一件事情需要多久，也没办法说出自己的具体计划，他们总是想捍卫自己的自由，甚至想逃避时间的控制。

3. 对最后期限的恐惧

拖延症患者行为与心理的矛盾表现为：一方面他们害怕时间不够用，担心没有时间；另一方面他们不到最后一刻绝不采取行动，几乎不能提前开始行动。哪怕是之前开始行动，也没办法坚持下去。对于大部分喜欢拖延的人而言，他们的心路历程就是这样。

4. 追求完美犹豫不决

有的人喜欢追求完美，当他们在做一件事情的时候，总是犹豫不决，改来改去，临到紧急关头也拿不定主意，无法做出决断。这些问题导致他们对自己应当做的行为一拖再拖。

小贴士

你是否有这样的表现呢？今天的事拖到明天做，6点起床拖到7点再起，上午该打的电话等到下午再打，每天要写的文章攒到最后时刻写，今天要洗的衣服拖到明天再洗，这个月该拜访的朋友拖到下个月。如果你有这些表现，那么你就是一个十分拖延的人，应该立刻改掉这个坏习惯。

吃掉那只青蛙，向目标靠近

曾有人问一个做事拖拉的人：“你一天的活儿是怎么干完的？”这个人回答说：“那很简单，我就把它当作昨天的活儿。”这就是拖沓的习惯。其实，拖沓岂止是把昨天的活儿今天来干。有人给拖沓下的定义为：把不愉快或成为负担的事情推迟到将来做，特别是习惯性这样做。如果自己是一个做事拖沓的人，那么，生活中我们大部分时候都在浪费时间，做一件事也需要花很多时间来思考，担心这个或担心那个，或者找借口推迟行动，但最后又为没有完成目标任务而后悔，这就是“拖沓者”典型的特点。拖沓对于成功来说，是一块讨厌的绊脚石，拖沓的习惯会阻碍目标任务的完成。所以，要想获得成功，就需要向目标立即奋进，拒绝拖沓。

说到拖沓的习惯，相信许多人都不陌生，因为在平时生活中随处可以见到它的身影。在该工作的时候上网冲浪，总是对自己说：“明天再去做吧。”但是，正所谓“明日复明日，明日何其多”，在拖沓蔓延的过程中，我们错过了许多完成目标的机会。

马克·吐温曾经说过：“如果你每天早上醒来之后所做的第一件事情是吃掉一只活青蛙的话，那么你就会欣喜地发现，在接下来的这一天里，再没有什么比这个更糟糕的事情了。”由此引发出“青蛙”规则，对每一个人而言，“青蛙”就是最重要的任务，如果我们现在对它不采取行动的话，我们就很可能会因为它而耽误时间，我们的青蛙也可能对自己的生活产生最大积极影响的事情。

有人引申出了“吃青蛙”的两个规则：

一是如果你必须吃掉两只青蛙，那么要先吃那只长得更丑陋的。简单地说，假如在一天里我们面临了两项重要的任务，那么我们应该先处理更重要的一项，即使重要的任务总是棘手的，但我们也要去吃掉那只丑陋的青蛙。养成这样的习惯，而且一开始就要坚持到底，完成一个目标再接着开始另外一个目标。

二是如果你必须吃掉一只活的青蛙，那么即使你一直坐在那里并盯着它看，也无济于事。摆在面前的即使是一件非常难做的任务，我们也需要立即行动，你漫无目的地思索只会浪费更多的时间，这可以使我们养成不假思索、立即行动的习惯。

为了完成既定目标，提高自己的工作效率在于立即行动，即“吃掉那只青蛙”所阐发出来的理论：每天早上要做的第一件事情，就是对你来说最重要的那件事情，并使之成为一种习惯。这样时间久了，自然就能克服拖沓的毛病。通过大量的研究表明，那些成功人士身上最显著的共性是“说做就做”。一旦他们有了明确的目标，就会立即展开行动，一心一意、持之以恒地完成这项工作，直到完成目标为止。

阿尔伯特·哈伯德出生于美国伊利诺州的布鲁明顿，父亲既是农场主又是乡村医生。年轻时哈伯德曾在巴夫洛公司上班，是一名很成功的肥皂销售商，但是，他却对此感到不满足。1892年，哈伯德放弃了自己的事业进入哈佛大学，然后，他又辍学开始到英国徒步旅行，不久之后，哈伯德在伦敦遇到了威廉·莫瑞斯，并喜欢上了莫瑞斯的艺术与手工业出版社。

哈伯德回到美国，他试图找到一家出版社来出版自己那套《短暂的旅行》的自传体丛书，但是，他没有找到任何一家出版社。于是，他决定自己来出版这套书，他创建了罗依科罗斯特出版社，哈伯德的书出版之后，成为既高产又畅销的作家。随着出版社规模的不断扩大，人们纷纷慕名而来拜访哈伯德，最初游客会在出版社的四周住宿，但随着人越来越多，周围的住宿设施已经无法容纳更多的人了，哈伯德特地盖了一座旅馆，在装修旅馆时，哈伯德让工人做了一种简单的直线型家具，而这种家具受到了游客的喜欢，哈伯德又开始了家具创造业。哈伯德公司的业务蒸蒸日上，同时，出版社出版了《菲士利人》和《兄弟》两份月刊，而随后《致加西亚的信》的出版使哈伯德的影响力达到了顶峰。

有人说，阿尔伯特·哈伯德是无比传奇的一生，他之所以能在多方面都能获得成功，在于他从来不拖沓，不断地朝着自己的一个又一个目标努力奋进。阿尔伯特·哈伯德是一位坚强的个人主义者，一生坚持不懈、勤奋努力地工作着，成功对于他来说是理所当然的。在《致加西亚的信》中，阿尔伯特·哈伯德讲述了罗文送信这样的情节："美国总统将一封写给加西亚的信交给了罗文，罗文接过信以后，并没有问：'他在哪里？'而是立即出发。"拖沓、懒散的生活态度，对许多人来说已经是一种常态，要想成为罗文这样的人，我们就应该拒绝拖沓。

1. 做完事情再玩

假如你觉得自己很有工作能力，可以在很短的时间内将比较困难的事情做完，那就应该在接到工作任务时马上动手做，这样你完成事情之后就可以玩得更开心，而不是在玩时总想着工作的事情。

2. 给自己定期限

假如你认为时间的紧迫感可以令自己发挥水平，那也需要给自己定一个期限。假如你曾经有过几次临时抱佛脚的经历，却屡遭失败，那最好还是不要尝试这种方法。

3. 学学时间管理

平时你是否经常被琐事烦恼，那就应该学会时间管理，最简单的方法就是要明确自己的目标，经常想想这件事不做对自己以后有什么影响。当你有了时间管理之后，往往能够及时地完成事情。

小贴士

通常来说，一个人成就的大小取决于他做事情的习惯，克服拖沓是做事情的一个重要技巧。我们要想完成既定目标，取得成功，就应该培养做事不拖沓的习惯，通过逐渐学习“吃掉那只青蛙”，不断地重复。一旦养成了这个习惯，“完成目标，马上行动”就会成为一件自然而然的事情。

别让借口成为自己的挡箭牌

不找任何借口。它所体现的是一种负责、敬业的工作精神，一种诚实、主动的态度，一种完美、积极的执行力。在很多时候，借口是毫无意义的。“没有任何借口”，让自己养成了不畏惧的决心、坚强的毅力，以及完美的执行力。不管自己遭遇了什么样的环境，都必须学会对自己的一切行为负责。

1916年，巴顿作为美国墨西哥远征军总司令潘兴将军副官，他接受了一次艰难的任务。巴顿将军在自己的日记中写道：

有一天，潘兴将军派我去给豪兹将军送信。但我们所了解的关于豪兹将军的情报只是说他已经通过普罗维登西区牧场。天黑之前我赶到了牧场，碰到第七骑兵团的骡马运输队。我要了两名士兵和3匹马，顺着这个连队的车辙前进。走了不多远，又碰到了第10骑兵团的一支侦察巡逻兵。他们告诉我们不要再往前走了，因为前面的树林里到处都是维利斯塔人。我们没有听，沿着峡谷继续前进。途中，遇到了费切特将军指挥的第7骑兵团和一支巡逻兵。他们劝我们不要往前走了，因为峡谷里到处都是维利斯塔人。他们也不知道豪兹将军在哪里，但是我们继续前进，最后终于找到了豪兹将军。

巴顿将军在完成任务的过程中，屡次被人劝阻：“不要往前走了，因为峡谷里到处都是维利斯塔人。”当然，那些劝阻的人都是出于一番好意，这时如果巴顿将军心里正想寻找某个借口，那他完全可以停下来，不再继续前进。如果上级责问起来，他就会说：“当时我们已经走了很远，也没找到豪兹将军，而且前面到处都是维利斯塔人，实在是难以找到豪兹将军。”这听起来很符合情理，但仔细一推敲，却发现全部都是借口。如果有这样想法的人，他就是把“借口”当挡箭牌的人。

甲、乙两个裁缝在交班时，裁缝甲要把手中的针交给裁缝乙。突然，针掉到了地上，由于当时是晚上，灯光昏暗，很难寻找，这时甲、乙两人怎么办呢？可能会出现以下三种情况。

第一种：甲、乙两人开始为此争吵，他们一定要分辨出到底是谁的责任，然后由该负责任的人把针找到。

第二种：甲、乙两人二话不说，纷纷趴在地上开始找针。

第三种：甲、乙两人马上确定分工，一个在右边找，一个在左边找。

以上三种情况哪一种最有可能先找到针？

几乎所有的人都知道第三种情况能最快找到针。如果总是埋怨对方，总是为自己找借口，事情永远也办不好。故事很简单，但是蕴含的哲理却很深刻，如果两个人各自为自己开脱，“这与我没关系”“这不是我的责任”，那么只能让麻烦越变越大，根本就不能解决问题。找各种借口为自己开脱，只会欲盖弥彰。这样一来，就会给自己的老板留下不能按时完成任务、能力差的印象。长此以往，这种人在公司的地位就会越来越低，其他人也不愿意和这种老是找借口的人合作，他们害怕有一天，这种人也会将所有的原因都推到他们身上，将自己身上的责任推得一干二净。

也有一些人在遇到问题的时候，不会想着找借口，而是尽快想到解决问题的办法，将问题解决。这样的人责任心很强，他们对自己做不到的事也不会找各种各样的借口，他们会真诚地说出自己为什么没能及时将问题解决，用各种办法在最短的时间内将问题解决。这样的人是不会轻易许诺的，如果真的许下什么诺言，他们一定会想尽各种办法实现诺言。

1. 没有借口

即使有什么问题没有解决，也别费尽心思地去找各种借口为自己辩白，而是将所有的情绪都放下，先解决问题，因为他们知道，解决问题才是最关键的。

2. 别推卸责任

在现实生活中，我们经常会听到这样或那样的借口。当人们做不好一件事情，或者完不成一项任务，就会有很多借口在那里，在借口的遮挡下，他们很容易学会抱怨、推诿、迁怒，甚至愤世嫉俗。其实，最终，他们都没发现，借口就是一个敷衍别人、原谅自己的“挡箭牌”。寻找借口，无疑是掩盖了自己的弱点，推卸了自己的责任。

小贴士

我们应该想尽办法去完成任何一项任务，而不是为没有完成的任务去寻找这样或那样的借口，即便是看似很合理的借口，那都是不允许的，需要有一种不达目的不罢休的毅力。在生活中，我们要知道，做任何一件事情，只要我们努力去做，就不可能不会成功，千万不要把借口当作自己的挡箭牌，你不可能一辈子依靠“借口”而活。

与其找借口，不如找方法

人生不应该停留在等和靠上，成功不会像买彩票那样充满侥幸，唯一需要的应该是制订计划并立即执行。不等不靠，现在就去做，表现出来的是一个成功人士应有的精神风貌。如果你是因为没有信心才迟迟不敢行动的话，那么最好的消除障碍的办法就是立刻去做，用行动来证明你的能力，增强你的自信。与其找借口，不如找方法。

李大钊曾经说过："凡事都要脚踏实地地去做，不弛于空想，不骛于虚声，而惟以求真的态度做踏实的功夫。以此态度求学，则真理可明。以此态度做事，则功业可就。"

面对很多事情，庸者只会说"那个客户太挑剔了，我无法满足他""我可以早到的，如果不是下雨""我没有在规定的时间里把事情做完，是因为……""我没学过""我没有足够的时间""现在是休息时间，半小时后你再来电话""我没有那么多精力""我没办法这么做"，等等。

乔在公司工作已经3年了，直到现在还在原地踏步，仍然只是一个小职员。虽然他本人对此也感到十分苦恼，但是却毫无办法。乔的主管看见他这个样子，真有种"朽木不可雕也"的感叹。

这次，公司业务部新拉了两个客户过来，主管想给乔一个升职的机会，就把乔喊到办公室："这次你去吧，客户都是比较好说话的，只要你能随机应变，就一定能完成工作任务。"乔显得有点犹豫："我……我……我怕我不行。"主管有点生气了，但还是规劝道："你看你跟你一起进公司，发展最好的已经晋升到总经理的位置了，你还依旧这样，你也得为自己的工作尽份力量，为公司尽点责任。"看着恨铁不成钢的主管，乔硬着头皮接了下来。

等到第二天，已经准备出发，乔来到主管办公室，支支吾吾地说："主管，看来我真的不行，我怕到时候把这个客户得罪了，把业务丢了就不好办了，你还是另派一个人去吧。"主管气得说不出话来，只是一个劲地叹气。

乔是真的没有能力吗？NO，他只是在不断为自己逃避责任而寻找借口，诸如"我不行""如果把客户得罪了怎么办，把业务丢了怎么办"等，这样的说辞其实就是借口。寻找借口的唯一好处，就是把属于自己的过失掩饰了，把应该自己承担的责任转嫁给社会或他人。这样的人，在公司里不会被老板信任，在社会也不会成为大家信赖和尊重的人。

然而，遗憾的是，在现实生活中，我们经常听到这样或那样的借口。上班迟到了，会说“路上塞车”“早上起晚了”；业务成绩不好，就会说“最近市场不景气，国家政策不好，公司制度不行”。对这样一些整天寻找借口的人，只要他们用心去找，借口无处不在。结果，他们把许多宝贵的时间和精力都放在了怎样寻找一个合适的借口上，而浑然忘记了自己的职责所在。

吉姆在公司待了两年了，与他一起进公司的人早就升职加薪了，但吉姆还在原地踏步。每当老板对吉姆说：“吉姆，为什么不去争取做一些有挑战性的业务呢？你在底层锻炼的时间已经够长了。”这时吉姆总是说：“我觉得自己条件还不具备。”这时老板总会摇摇头，欲言又止。

最近，吉姆的一个同事又升职了，这样仅剩吉姆一个人在最底层了。吉姆觉得不服气，他去找老板说：“为什么升职加薪都轮不到我呢？”老板说：“吉姆，你还在为自己找借口，当你觉得条件尚不具备的时候，为什么不自己去创造一些条件呢？如果你将寻找借口的时间和精力去寻找一些恰当的方法，我想不用你来找我，我会主动给你升职加薪的。”

假如所有的行动就好像发射火箭一样，在发射之前所有的设备、程序等条件都必须全部到位，行动只有在发射瞬间，那这个理由确实是合适的。然而，在我们现实生活中，如果真的等到全部条件具备之后才开始行动，那就会丧失机会。“条件不具备”其实也是自己逃避责任的借口，以条件不具备作为借口不行动，那只会延误计划，丧失机遇。如果我们觉得自己能力不足，为什么不去寻找自己到底哪里不足，而不是找借口说“我不行”。

1. 找准自己的责任

不管做什么事情，都要记住自己的责任；不管在什么样的工作岗位上，都要对自己的职责工作负责。千万不要用任何借口来为自己开脱或搪塞，因为完美的执行力是不需要任何借口的。

借口是一面挡箭牌，本身就是一种不负责任的态度。时间长了，对自己绝对是有害无益。这是因为你花了太多的时间去寻找各种各样的借口，那就会不再努力去工作，不再想方设法地争取成功。对上司吩咐下来的任务，如果你不想做，就会去找一个借口；如果你想去做，那就会找一个方法。因此，找借口不如找方法。

2. 不需要找借口

每天，我们需要对自己说："我是一个不需要借口的人，我对自己的言行负责，我知道活着意味着什么，我的方向很明确，我知道自己怀着一种使命感做事情。我行为正直、自己做决定并且总是尽自己最大的努力。我不抱怨自己的环境，努力克服困难，不去想过去而是继续去实现自己的梦想。我有完整的自尊，我无条件地接受每一个人，因为在上帝的眼中，我们都是平等的，我不比别人差，别人也不比我好。作为一个没有任何借口的人，我对自己的才能充满信心。"

小贴士

其实，在每一个借口的背后，都隐藏着丰富的潜台词，那就是逃避困难和责任。不过，如果是智者，他就会说："我会尽力想办法的。"当许多事情已经形成了定局，我们只能寻找方法，而不是寻找借口。

你不是没有时间，你只是懒

懒惰是借口的来源。在生活中，人们通常会说："这不是我的原因，是因为他没有做好”“不是我不想学习，是因为我起床晚了一些”“不是我工作不努力，是因为主管看不上我”。这些语言是否听起来那么熟悉呢？是的，因为我们自己也经常说这样的话，寻找这样的借口来掩饰自己的懒惰。

懒惰的人总是不断为自己寻找借口，但借口往往不会帮助你，只会害了你，所寻找的借口越多，你就会变得越懒惰。只动脑开始想借口而不愿意去做事情，然后把错误归咎于别人，每次都从别人身上找原因，而不是寻找自身的原因，这样就会使自己丧失前进的机会。

罗马人一直信奉两个真理：勤奋与功绩。这两个真理被认为是罗马人征服世界的奥秘。在当时，罗马人尊敬的就是农业，哪怕一个刚刚从战场上凯旋的将军，也不可避免地走向田间劳作。正是由于罗马人的不懈努力和勤奋，使得古罗马越来越强大。

不过，当人们的财富和奴隶渐渐增加的时候，罗马人觉得劳动好像变得不那么重要了。于是，整个国家开始走向衰败，懒惰导致罪犯增多、腐败滋生。一个曾经代表世界闻名的古罗马就这样消失了。

最后古罗马皇帝在临终时给罗马人留下这样一句遗言：“懒惰是一种借口，勤奋工作吧！”当时，他的周围聚满了士兵。

许多似乎立刻就要成功的人——在别人眼里，他们似乎应该成为一个非凡的成功者，但事实上他们都没有做到。这是什么原因呢？就是因为他们没有为成功付出相应的代价。他们渴望抵达辉煌的顶峰，但却不愿跨过艰难的山路；他们不愿参加战斗，却又想获得胜利；他们不愿遇到阻力，却又希望一切顺利，这就是懒惰。

懒惰会让人的心灵变得灰暗，会让他对勤奋的人产生嫉妒。一个懒惰的人总会寻找借口，看到别人获得了财富，他会说：“他只是比较幸运而已。”看到别人比自己更有才智，他只会说：“因为我的天分不如别人。”这样处处为自己寻找借口的人是难以获得成功的。

1872年，只有24岁的哈同一个人来到中国上海谋生。尽管，他看起来是一个年轻能干的小伙子，但事实上他穷得连一件像样的衣服都没有。当时他没有任何积蓄，也没上过学，不懂得任何技术。但是，他渴望在上海立足，通过自己的学习去挣钱。

哈同利用个子高的优势在一家洋行谋得了一份看门的生计，尽管很多人会看不起这份工作，不过哈同却觉得没什么，自己也是通过工作挣钱，这是正当的工作。他希望以这份工作为起点，通过自己的不懈努力，积蓄能力，以后总会找到更好的工作。

哈同平时工作十分认真，尽职尽责。晚上休息的时候，他就会埋头苦读一些经济和财务方面的书籍，以此来提升自己。由于他忠于职守的态度，深得老板的喜欢，加上他又善于学习东西，让老板觉得这是一个可造之材。于是，便把哈同调到了业务部门当办事员。

哈同继续努力工作，每天都在为如何做好工作而思考。在这样努力之后，他的业绩越来越出色，慢慢被提升为业务员、大班等。这时候，他的工资已经增加了，不过，心怀大志的他并不因此而感到满足，他想拥有自己的企业。

1901年，积累了资本和能力的哈同离职，开始独立运营商行，并命名为“哈同商行”，主要以经营洋货买卖为主。当时，他敏锐的眼光发现在中国上海相对比的竞争品并不太多，这样消费者就不能货比三家。所以，通过市场，哈同获得了高额的利润，哈同商行也越做越大。

哈同能够从一个看门工做到商行的老板，正是体现了犹太人的智慧。一个看门工，可能是大多数都瞧不起的工作，要是别人是不愿意干的，他们觉得自己相貌堂堂、年轻高大，怎么会屈于当看门工呢？可是哈同不这么认为，他认为这是他成功的一个起点。我们仔细注意到哈同的工作历程，就不难发现他成功的秘诀，那就是“脚踏实地，循序渐进”。他对自己的每一份工作都做到勤勤勉勉、忠于职守，并且不是急于求成，而是循序渐进地做下去，慢慢登上成功的宝座。

1. 懒惰是借口的来源

懒惰是借口的来源，如果我们不再为自己找借口，那就必须让自己变得勤奋起来。生活给我们每个人一样的平台，谁跑得快，谁就能第一个站在台上接受鲜花和掌声。假如你跑得慢，就只能在后面忍受别人的讥讽。

2. 越勤奋越自信

相反，一个永远勤奋而且乐于主动工作的人，将会得到老板甚至每个人的赞许和器重，同时，他还为自己赢得一份重要的礼物——自信。

小贴士

假如你跑得慢，就需要比别人更勤奋一些。懒惰是一种习惯，勤奋也是一种习惯。既然都是一种习惯，为什么不把自己变得勤奋一些呢？克制懒惰，时间长了，我们就会变得勤奋起来，而不再为自己的懒惰寻找借口，成功之手也会向我们伸过来。

第09章

借力，分解任务让你更省时

你是否有这样的困惑：每天总有忙不完的事情，分身乏术。那么，你是否考虑过有些事情是可以交给别人去做，或者与伙伴共同完成，借用他人的力量，分解任务，让自己更节约时间。

各司其职，团队的力量

任何一个组织，不管大小都需要团队合作，虽然合作的形式会有所差别，但高效的团队合作，往往是组织成员共同努力的结果，因为组织内上下级，员工与员工之间是一个复杂而微妙的动态过程，而并非简单的加权。

其实，任何团队的组合实际上都是一种优势互补。在实际生活中，即便是再高明的人，他也有不知道的地方，他也有自己的不足之处，总有这里或那里不明白。而对这样的情况，若是找一个能与之互补的人组成团队，那岂不是更完美了？我们都知道，一个人能力再强，但也到不了想干什么就干什么的地步，因此一个好的组合团队往往聚集了众多个人的力量，从而形成更强大的力量，而这样的力量恰恰是在实际工作中所需要的。所以，如果你想在事业中赢得头筹，那组建一个好的团队是很有必要的。

例如，单就谈判团队而言，它作为一个典型的组织团队也是这样。如今，谈判变得越来越复杂，所牵涉的范围也比较广泛，所需要的知识也很广博，如产品、技术、市场、金融、法律等多方面，假如是牵涉国际间的谈判，还会涉及国际法、外语等知识，如此纷繁的知识绝不是仅凭一个人就能办到的。因此，谈判除了一对一的方式之外，更多的时候是一个谈判团队对另外一个谈判团队。为了实现某个具体的谈判目标，按照新的组合放大了个人的力量，从而形成了一种新的力量。

巴菲特旗下的伯克希尔哈撒韦投资公司屡屡创造奇迹，源于有着卓越的团队组合。其中有9位高管，在这些人身上，纷纷体现了美国人的冒险、团队、创新、品牌等精神。

伯克希尔哈撒韦投资公司，无疑展现了伟大的团队力量。通过这个团队，我们清楚地知道，并不是巴菲特一个人在战斗。在台前幕后，这个有着9名高管的优秀团队才是巴菲特能够经久不衰、屡战屡强的坚强后盾。

公司建立了以王先生为首的谈判团队，在这个团队里每个人都有自己的具体职能。王先生作为团队的领袖，他几乎处理所有面对面的谈判，他是整个谈判的组织者，负责大部分“说”的工作，或者是提出新的问题和新的提议，或做出妥协和让步。

团队中的小李是评论员，他主要负责总结目前的进展，阐明目前所存在的问题。观察员小赵主要负责观察并监控人们通过话语和肢体语言，以及面部表情所传递出来的信息。小凡是团队里的分析员，主要负责记录并分析全部的数字和其他数据，对方的出价方式和做出让步的方式，这样有助于理解其谈判的目标和优先考虑的问题。

俗话说：“三个臭皮匠，顶一个诸葛亮。”一支管理精良的团队具有这样的优势：可以代表公司内部的多方利益；可以保障企业内部各方对最终协议的坚定执行；可以有效地提高团队成员的自信；让整个团队在整个行业内有相当的杀伤力。

当我们在组合一个团队的时候，所需要达到的宗旨是凝聚起来的力量应该是巨大的，而不是削弱整体的力量，也就是说，尽量做到互补，尽可能综合所有的力量。

1. 如何组建团队

在组建团队时，需要考虑两方面的内容：一方面是需要成员具有良好的专业基础知识，而且能快速有效地解决实际运作中可能出现的问题；另一方面参加的团队人员必须关系和谐，可以求同存异。简单地说，就是需要成员遵循知识的互补性，包括性格、能力的互补。

2. 团队成员少而精

团队的成员是不是越多越好呢？当然不是，以少量的人做更多的事情，这才是团队所要达成的目标。比如，谈判团队需要多少人才适合呢？国内外的专家普遍认为大概需要6个人，其主要是谈判管理员、经济人员、技术人员、法律人员、翻译人员、记录人员。人员的搭配要适当，也可以适当做出调整。

小贴士

当然，我们在建立团队的时候，不要与对方团队的人数相比较，因为相比较很多人却臃肿的团队，一个少而精良的团队要好很多。

最佳拍档，形成竞争优势

常言道：“小合作有小成就，大合作有大成就，不合作就很难有什么成就。”当然，在工作中，成功的合作不仅需要有统一的目标，尽力做好分内的事情，而且，还要心中想着别人，心中想着团体，并有一定的自我牺牲精神。员工需要养成良好的合作习惯，这关系到你的职业前途，学会与人合作，不仅可以弥足自己的不足，还能够形成一种合力。

当双方有共同利益的时候，人们往往会优先选择竞争，而不是选择对双方都有利的合作。这样的现象，被心理学家称为“竞争优势效应”。任何人在这个世界上都不是孤立存在的，都要与周围的人发生各种各样的关系。作为员工，需要与同事一起工作，共同完成工作任务，这就是合作。无论你从事什么职业，也不论你在哪里，都离不开与别人的合作。对此，作为员工，在工作中要学会合作，互相配合，才能把工作做好。工作中许多事务，只有通过与人合作才能完成，一个人若是学会了与人合作，也就获得了打开成功之门的钥匙。

一盘散沙，尽管它金黄发亮，但没有太大的作用，但是如果与水泥结合在一起，就能够盖成高楼大厦。一个人的力量犹如沙粒，只要我们学会与人合作，就会起到意想不到的变化，说不定，你就成了不可思议的有用之才。学会与人合作，并掌握这种才能，才能使自己不断地进步。当然，并不是所有的人都能有效地与人合作，往往那些善于团结的人，能引导其他人进行合作，或许引导他们团结在自己身边，共同完成一件工作。

美国加州的红杉，被认为是世界现存最高大的植物。通常情况下，红杉的高度大约为100米，相当于30层楼那么高。对此，科学家对红杉进行了深入的研究，在研究过程中，发现了许多奇怪的现象。一般而言，长得越高的植物，它的根应该扎得越深，但科学家却发现，这世界上现存最高大的植物，它的根只是浅浅地浮在地表面而已，这使得红杉能方便快速而大量地吸收赖以成长的水分，从而得以快速茁壮地成长。

科学家分析了这些情况，但是，若根浮于地表也有弱点，如果高大的植物的根扎得不够深，这样的植物就很脆弱。或许，只需要一阵大风，就能够将它连根拔起，可为什么红杉却能长得如此高大且屹立不倒呢？

很快，科学家们发现：没有一株红杉是单独生长的，它必定生长在一大片的红杉林中。这一大片红杉彼此的根紧密相连，一株接着一株，它们结成了一大片，这让红杉牢牢地粘在了地面上。即使是自然界威力无比的飓风，也无法撼动几千株根部紧密连接、占地超过上千公顷的红杉林。除非飓风强到足以将整块地掀起，否则再也没有任何自然力量可以动摇红杉分毫。

神秘的自然界会给我们留下许多成功的启示，红杉就是一个很好的例子。有时候，成功不能只靠自己的强大，也需要依靠别人。简单地说，只有能帮助更多的人成功，你自己才能更成功，就如同红杉根部相连，以紧密的合作关系创造出屹立不倒的奇迹。

合作的原则是“以诚相待”，既然彼此是合作伙伴，如同一条线上拴的两个蚱蜢，一损俱损，一荣俱荣，如此团结一致，才能达到合作的最终目的。

同样的条件，为什么有的人把它变成了天堂，而另外一些人却将它变成了地狱？关键在于，你是否学会了合作，你所选择的是共同幸福还是独自霸占利益。在日常工作中，需要我们与同事合作的机会很多，可能在合作的过程中会出现一些分歧，产生一些矛盾，但既然已经成为合作伙伴，那就要珍惜彼此间的合作机会，致力将合作推向成功，这样，你的工作才会越做越好。

那么，在现实生活中如何加强与同事之间的合作呢？

1. 默契比利益重要

有工作的地方就有竞争，如果想与同事之间形成协同合作能力，就需要将利益放在第一位，因为有了默契，才能共同创造利益。

2. 生活上也可以帮助对方

虽然是同事，但也可以成为生活中不错的朋友。当同事在生活中有什么困难，要及时伸出援助之手，让对方感受到自己的真诚。

3. 偶尔的争议不要放在心上

同事之间难免因为工作的事情争得面红耳赤，这是再正常不过的事情。不过，不要把这些琐碎的争吵放在心上，毕竟是为了工作，所以没必要记在心底。

小贴士

员工需要懂得合作，如果你尚羽翼未丰，就需要加入成功的团体，在合作中学习。合作是需要一定的自我牺牲精神的，因为合作的目的是通过大家的共同努力，获得共同的成功，如果你只是自私地想自己成功，而不顾及别人，就没人愿意与你合作。

知人善任，人尽其才

有效的人员管理，知人善任也是非常省时省力的。有人曾问巴菲特：“如何才能在投资中控制自己的风险？”巴菲特回答说：“一个是守规矩，另外一个是选人，最重要的是选人。”在伯克希尔哈撒韦公司，巴菲特很重视挑选自己的职业经理人、投资经理人，要求十分严格，要选最好的，选完之后给他们最大的权力空间，让他们可以自由发挥。假如这些职业经理人达到了他的要求就会得到许多的回报；假如达不到他的要求，巴菲特就会很有礼貌地叫他们“走路”，这就是所谓的“以人为本”。

知人用人要有胆量，而胆量往往来自对人了解多少，了解得越多，判断就越准，用起来才会更大胆。

学诚法师在广化寺时，尽管接触下面弟子的时间比较少，但却善于观察，因而十分了解每一个人的优缺点、做事能力。他总会安排弟子到其适合的岗位，尽可能发挥其特长。

比如哪里缺人了，学诚法师总会说：“某某可以做。”尽管在当时，大家并不是很赞同，心有疑问：难道他合适吗？但过了一段时间之后，发现那个人在那个岗位上做得非常好，便会觉得法师的决定是明智的。这些弟子开始觉得，尽管自己与同门每天接触，但却没有了解到他们擅长什么，而法师观察力极强，对每一位弟子的优缺点都有详细的了解。所以，在人事安排上，学诚法师考虑得十分周到，尽可能让每位弟子发挥出特长，安排他们做擅长的事情。

要想掌握高超的用人之道，必先要做到知人善任。知人，就是要了解别人，也就是对人的考察、识别、选择；善认，也就是对人要使用得当。所谓的知人善任，就是要认真地考察别人、确切地了解别人，把每个人都安排到适当的岗位上去，充分地让他们发挥好自己的特长、施展才干，这才是作为一个领导者的重要工作之一。就好比一台机器，有了先进的设计、合理的结构和科学易行的操作规程，还必须有高质量的操作人员。通常情况下，路线确定之后，人就成为了决定性因素，就是这个道理。

在《三国演义》中，曹操擅长知人善用，为此赢得了霸业。

当时曹操在出征张鲁之前，给合肥护军薛悌送了一封密函，信封上写着“贼来乃发”。没过多久，东吴孙权便率领10万兵围攻合肥，当时张辽、李典和乐进三人一起守护合肥，大家拆开密函一看，曹操已经在密信里对此战的防御和进攻做了很好的安排：假如孙权率兵来攻，便由张辽、李典出兵作战，乐进则守城。最后，合肥一战，张辽与李典大破孙权10万兵，创下了著名的以少胜多的战役。

原来，当时这三位将军一向不和睦。不过，张辽听从曹操的指示坚决出战，主张以攻为守，这个举动感动了李典和乐进，大家决定放弃私人恩怨，同仇敌忾，当即表示听从张辽指挥，一起抗敌。生性胆怯的乐进，为人十分谨慎小心，比较适合守城。而曹操的部署，正好符合三人的个性。

话说：“夫兵，诡道也。至于合淝之守，悬弱无援，专任勇者，则好战生患；专任怯者，则惧心难保。且彼众我寡，众者必贪惰；我以致命之师，击贪惰之卒，其势必胜。”在这里，不能不归功于曹操知人甚深，他不仅了解张、李、乐三人平日的隔阂，更对三人的作战能力、用兵特点以及性格修养都了如指掌。因此这封密函不仅调解了三将的关系，而且通过适当的分工，使三将的优劣互补，最大限度地发挥了三将在防御作战中的整体优势。

“用人所长，扬长避短”，这应该是一个基本原则。人的个体存在很大的差异，这种差异不仅表现在职业能力上，而且还表现在个性、价值观以及职业倾向上。

1. 如何知人

俗话说：“不知人之短，不知人之长；不知人长中之短，不知人短中之长，则不可用人。”可以说，知人是用人的前提，每个人的问题优点并存，长短处一起存在，有的人内秀而外拙，才不外露，很不容易发现；有的人博学多智，却只会纸上谈兵，这样的才能很难展现出来。我们如何去了解这些人，那就需要从信任出发，从了解入手，知其德才学识，明其优劣长短，从其发展的前景中把握。要想准确、清楚地了解一个人，不能只看文凭和档案，也不能仅仅凭感觉和印象，而是需要深入了解，全面分析，这样才能辨其才能，明其本质，才能真正做到“知人”。

2. 如何善任

善任的重点在于扬长避短，不过，怎样才能扬长避短呢？要学会量才使用，有的人善于管理，有的人懂业务，在选才时要以“质”为依据，以“质”为调配，这样才能使人才的质得以体现；要注意团队结构，人才群体的组成应注意知识结构、年龄层次、专业类型、性格特点等合理搭配，这样才能产生人才资源的互补效应。此外，我们需要注意重用性交流，也就是选拔优秀的人才可以担任重要岗位。

小贴士

领导者在为下属分配任务时除了考虑岗位要求之外，还应该针对员工自身的特点以及优势，安排与其特点和优势相适应的工作，给予其充分发挥的空间，这不仅可以提高工作效率，还能够节省很多时间。

善于授权，凡事不用亲力亲为

只有平庸的将，没有无能的兵。大凡优秀的领导者总是可以从身边挖掘人才，并可以充分发挥他们的潜能，而那些拙劣的领导者总是抱怨无人能用。于是，那些优秀的领导者带领身边的人才不断走向成功，而那些拙劣的领导者却在抱怨中走向没落。作为领导者，应该学会将权力放手给别人，有的领导者是天生喜欢操心，他的心无时无刻不是在担心这担心那，好像一刻也不能放松，于是，他的整颗心都是紧绷着的。在生活中，无论是大事还是小事，他们都不放心别人去做，而是亲力亲为。

领导者所扮演的角色就无异于一个母亲，当一个母亲放手让孩子跑步的时候，她确信孩子已经能跑了；当孩子在迷茫中被母亲放手后才知道母亲放手的原因，因为孩子已经得到了信任。

王姐从小就有个习惯，就是对于有关于自己的事情，她必然是自己去做，她不放心任何人去做。在她年纪尚小的时候，有一次，她背着沉重的东西回家，身边的朋友好心建议说：“让我帮你背一程吧。”结果她拒绝了，理由是怕对方将她的东西掉地上了，朋友听到这个理由，惊讶得下巴都快掉了下来。

长大后，王姐的这个习惯更是日益严重。高中毕业后，王姐就在一家蛋糕店当了收银员，平时没事就是守在那个柜台边，不让任何人接近自己的工作位置。店长吩咐：“你在有时间的时候，教教店里的导购收银。”结果，王姐也是经常将这样的吩咐忘记了，她从来不放心将自己的工作让别人去干。就因为这样独特的习惯，她在店里的人缘相当不好，但她工作倒是很负责任，工作了几年之后，她升职当了店长，这样她就显得更忙了。早上，她是第一个到店里，晚上她是最晚离开蛋糕店，因为她不放心任何一个店员，她需要亲力亲为收货、摆货、收银。虽然这样一来，自己算是放心了，但长久以往这样拼命地上班，王姐真是疲累不堪。但她若是想到不去店里，让店员去做，她的心就更累。

终于，没过多久，王姐累倒了，躺在医院里，她所担心的还是蛋糕店：“今天货到齐了吗？”“货物摆放得整齐吗？”坐在床边的老公忍不住说：“你总是这样，凡事亲力亲为，你以为自己多伟大，但其实是抹杀了店员们表现自我的机会，今天早上我路过蛋糕店，发现没有你，他们依然将事情做得很好，有条不紊，你就不用操心了，你现在是店长了，很多事情完全可以交给别人去做。如果你总是操心，那你永远有操不完的心，你自己也会身心俱累。”

在案例中，王姐虽然升职成了店长，但她没有将手中的权力放手给下属，对店里的很多事情总是亲自去做，结果病倒在床上，她的累不仅在身体上，而且来自心理。因为太过于操心，她几乎每时每刻都在想还有什么事情没做好，她就好像一个陀螺一样，不停地转，直至最后无力地摔倒在地上。其实，她完全没必要这样累，放手将一些事情交给别人去打理，不仅轻松了自己，而且给予了下属展现自我的机会。

生活中，一个人操心太多就会使其身心疲惫；反之，如果将别人能做的事情交给别人去做，自己只是观看或指导，这样反而会轻松很多。当然，要想培养这样的习惯，首先应该学会信任别人，以及放松自己。你只有足够地信任别人，才能放心地将事情交给对方；你只有放松了自己，才不会那么执着地想要亲自去做。所以，不要太过操心，让自己过得轻松一点，将某些事交给别人去办，这样自己才能轻松起来。

权力的存在是一个十分合理的现象，对于领导和下属而言，却是一个敏感的话题。权力就意味着权威，领导需要这样的权威，下属也需要在这个权威下尽量自由支配自己的各项活动。无疑，这就形成了一个比较有活度的矛盾，其焦点在领导和下属之间移动，而领导者就是支配者。在很多时候，领导应该放手给下属一些权力。

1. 肯定下属

英国女演员、诗人乔吉特·勒布朗说：“人类所有的仁慈、善良、魅力和尽善尽美只属于那些懂得鉴赏它们的人。”任何一个下属都希望得到别人的肯定，尤其是上级的认可。美国著名的企业管理顾问史密斯指出：“一个员工再不显眼的好表现，若能得到领导的认可，都能对他产生激励的作用。”

2. 信任下属

权力是一切的基础，在此基础之上产生信任后释放权力。虽然，信任是一个很简单的词，却是一个包含深妙玄机的改变，信任产生的心态就是认可，领导只有认可了下属才能信任他。一位管理学家说：“我相信部属具备必需的技能和设备，能推动我授权执行的任务，于是我得以专心思考策略问题。”放手一些权力，不仅是领导者的自我松绑，而且也是一种本质的需要。

小贴士

凡事都亲力亲为，这是一种负责任的态度，但若是太过亲力亲为，那就是有点以自我为中心了。对下属给予信任，将权力放手给别人，你会发现这真的是省力省时，自己腾开手了也可以做其他事情。

男女搭配，主动向异性求助

借力省时，还可以利用异性效应。在人际交往中，异性接触会产生一种特殊的相互吸引力和激发力，并能从中体验到难以言传的感情追求，而这通常将对人的活动和工作起到积极的影响，这种形象就被称为“异性效应”。在日常生活中，我们经常听见有人调侃：“男女搭配，干活不累。”其实，这就是异性相吸定律的典型表现。异性效应指的是因男女共同做事而引起的对活动起积极影响的微妙作用，这与物理学中所说的“异性相吸”是一样的道理。

生活中总存在这样的现象：办公室男士居多，工作热情不高。一旦办公室来了一位女士，那气氛就能活跃起来了。当然，“异性效应”并不是夫妻关系，或者男女之间日常的一般性接触，而是男女在工作、娱乐中，为了加深了解而有较多的接触交流。男女双方认为，这本身是一种为了事业进步的有意活动，他们之间所存在的这种感情和友谊是人际交往中的重要部分，比起同性之间的交往，他们的情感有限度之别。

在美国科学家飞往天空的历史进程里，有一个有趣的转折点。其实，最早以前宇航员都是清一色的男性，不过在飞行过程中，有 60.6% 的宇航员会出现头痛、失眠、恶心、情绪低落等症状。

科学家们百思不得其解，这到底是怎么回事呢？后来，心理学家揭开真相：原来这些宇航员全部是男性。之后，科学家们在执行太空任务时会挑选一位女性，果不其然，不仅消除了之前宇航员不适的症状，而且还大大地提高了工作效率。

在日常生活中，我们还会经常看到这样的现象：男营业员在接待女顾客时，通常要比接待男顾客热情些，而女性出面会使谈判过程更为顺利。现代社会是一个男性占很大优势的社会，导致外出办事大多数需要与男性打交道，而如果由女性出面会较为顺利，这也是“异性的魔力”。所以，我们需要求人办事的时候，需要记住：向异性婉求，办事会更容易。

阿美青春靓丽，刚刚大学毕业就进了公司公关部。一次，公司资金周转出现了困难，急需一笔贷款，公司财务部派人去与银行协商，却不料吃了闭门羹。上司急得团团转，阿美主动请缨，出面在银行之间周旋，短短一天就争取到了上百万的贷款，而阿美被升为公关部经理，工资、奖金一加再加。

身边的同事纷纷觉得奇怪，一个初出茅庐的小姑娘有这么厉害吗？对此，有人总结了阿美成功的秘诀，发现她除了具有清醒的头脑、敏捷的口才、丰富的知识以及待人接物的灵活之外，还与她那美丽的容貌、优雅的仪表有很大的关系。

阿美成功的原因主要是由于心理学上所谓的“异性效应”。在对现实生活的研究中，不少心理学家发现，在一个只有男性或女性的工作环境里，尽管条件优越，自动化程度比较高，但无论男女，他们都很容易疲劳，工作效率也不高。例如，在几年以前，南极考察的澳大利亚科研人员得了一种怪病，“晚上失眠，白天昏昏沉沉”，用了许多方法，都无法治愈，后来经过调查发现，根源竟是“没有男女搭配，是性别比例失调严重，导致异性气味匮乏的结果”。

大部分人在异性面前会十分愉快地完成那些在同性面前非常不愿意完成的任务，甚至还表现得非常机智、勇敢，而许多领导也很愿意让男女同事成为搭档，一起完成一个项目。在生活中，尤其是在请求帮助或商量事情的时候，异性效应也会发挥出特别的作用。

当然，在利用异性效应的过程中，我们还需要注意以下几个问题。

1. 不能滥用

女性拥有漂亮的外表，且彬彬有礼，求异性办事很容易成功，但若为了达到某一目的，利用自己的色相去引诱他人，这就是令人不齿的。

2. 大方不拘束

向异性求助，要想消除对方的紧张感，自己首先要表现得大方自然、不拘束，这样才有可能获得对方的帮助。

3. 不宜太严肃

虽然，理智办事和善于把握自己的情感固然重要，但太严肃或者冷淡，也会伤害对方的自尊心，会让对方觉得你高傲无礼，有可能会拒绝你的求助。

小贴士

男性的表现欲和征服欲比女性强，潜意识里希望获得异性的赞美和欣赏，一旦获得异性的赞赏，其心理体验将得到极大的满足；女性则在获得异性的关注后，会觉得自己很优秀，获得如此的心理体验后，便会感觉有了新的努力方向。这就是异性效应带来的益处。

向领导请教，加快工作速度

日常工作中，烦琐的任务总会有一些让人不懂的地方，或者比较困难的工作无法解决，这时候需要及时向领导求助，加快工作速度，达到省时省力的目的。在请求帮忙时，需要使用请教式口吻。尤其是我们需要领导帮助的时候，不妨放低自己的姿态，虚心请教，说上几句好话，说不定就能获得良好的效果。为了亲近领导，下属应时刻注意自己说话的口气，在领导面前，要表现得弱一点，保持谦虚谨慎，方能亲近领导。

小辉是一个工作能力比较强的人，他来公司已经一两年了，虽说为公司做出了不少成绩，但却得不到领导的重用。小辉百思不得其解，同事中那些不如自己的人，结果每人都混了一官半职，就只有自己还在原地踏步。

这天小辉在公司值班，他们公司是生产玻璃瓶子的，平时工作就很细心，容不得半点差错。因此，小辉几乎是不敢眯眼的，两只眼睛看着机器的运转，希望每个环节都不要出事。可就在小辉巡视车间的时候，发现本来均匀的原材料竟然冒出了气泡，这可是不合格的。怎么办呢？小辉看了看时间，已经是晚上9点了，这么晚了，估计领导都休息了，自己先看着，明天再汇报吧。结果小辉一晚上没合眼，幸亏那气泡不是很严重，只出了十几个次品，小辉也没打算向领导汇报这个情况了。

可不知道领导从哪里知道了这个情况，赶紧让小辉去了办公室，大发雷霆。领导拍着桌子，说："你为什么不主动向我汇报产品的情况？你知不知道像昨晚那种情况，如果不是今天这样的结果，你几乎酿成大错，小辉，你不是一直很想知道自己为什么不被重用吗？其实原因很简单，因为你从来没向我主动汇报过工作，我不知道你一天在忙什么，忙出一些什么成绩，如果你不与我进行交流，我怎么了解你工作的相关情况呢？又怎么会重用你呢？"

案例中，由于小辉不主动向领导汇报工作，不说出工作中出现的问题，结果让领导失去了对他的信任，即便他很有工作能力，但若不及时与领导沟通，再大的本事也枉然。作为下属，主动及时向领导求助，不仅让领导对你很放心，还会让你与领导之间建立良好的互信关系，让领导可以主动地对你的工作予以指导，从而帮助你更为顺利地完成工作。

小冷是一位性格比较内向的女孩子，工作能力也是有目共睹的，在公司主挑大梁，做任何事情都是兢兢业业，不过，她却一直做得很不开心。

由于公司只有一个文案和设计师，小冷作为唯一的文案，承担了公司的大部分工作，如编辑、策划、文案等文字类工作。但事实上，这对于小冷而言，是一个不小的挑战，她只是擅长写文字，对策划和文案一窍不通。领导却总是说："你可以多看看，这个很简单，而且有模板可循。"小冷是一个不善言辞的女孩，她只能偶尔抱怨着，但却赶鸭子上架般去接下这些工作。

有时候，在工作中遇到了困难，小冷也是自己闷着，不向领导汇报。在她看来，既然领导认定让自己做，再怎么说困难，领导也会让自己坚持下去，所以说了等于没说。她一边摸索着做这些完全不同的工种，同时痛苦煎熬着。每次领导问工作进度怎么样了，小冷总是模糊应答："嗯，快了。”后面领导再问，她也会说：“进行得很顺利！”到了最后，她把整个策划案交给领导，说：“完成了。”

就这样，在两年的时间里，小冷一直做着许多与自己工种不同的事情，感觉很憋屈，却也不懂如何向领导求助、汇报。

像小冷这样的员工可以说是职场第一傻，总是埋头苦干，甘心情愿接下任何工作。当领导询问：“有什么困难没？”员工总是回答：“嗯，进展得不错。”当领导再问：“完成了吗？”员工回答：“是的，马上就快完成了。”这样一来，领导会觉得“原来这件事这么简单”，而员工在为工作背后所做的功夫却被忽视了。而且，如果工作出现了困难，不向领导汇报，那万一自己解决不了呢？即便是自己最后解决了问题，但在领导看来，“或许工作本身就很简单，所以他一点都没向我请教”。

1. 主动向领导汇报

很多时候，领导作为统筹的人，并没有太多的空闲时间来主动询问你工作情况怎么样，很有可能因公事繁忙而忘记这个事情，那么作为员工就应该牢记本分，主动汇报工作。一方面，汇报工作可以使领导详尽地了解工作进展情况；另一方面，有利于督促自己工作的进度。

2. 加强与领导的沟通

在日常生活中，员工要养成经常与领导沟通的习惯，一旦工作有什么问题应立即与领导商量对策，如果是书面报告，需要写得详细清楚，千万不要敷衍了事。

小贴士

在很多时候，如果不养成主动向领导请教的习惯，会因疏忽遗忘而没做，或者已经做完没有对完成的结果上报，最后再回想这件事时可能已经耽误处理的最佳时机，甚至有可能演变为不了了之的结果。

第10章

时间

碎片化，零存整取你的时间

工作生活中，那些比计划时间提前完成某项工作后剩下的时间，因零散、无规律，被称为碎片时间。事实上，这些碎片时间看起来不起眼，其实可以做许多喜欢的事情，把每天的闲余时间合理地运用起来也是一段不短的时间。

碎片化时代，聚合时间

现代社会，已经进入信息碎片化时代，碎片化学习、碎片化阅读、碎片化生活日益成为热门话题。时间的碎片化改变了学习、工作和生活习惯，对时间管理提出了新的挑战。

莉莉总是抱怨自己太忙，白天工作，加班是常态，晚上回家还要带孩子，完全没有自己可利用的时间；小董工作后打算自学英语，但除了工作根本没有大段的时间来用于学习，时间总是这里挤一点、那里挤一点，完全没办法静下心学习；露西对未来感到很迷茫，生活的压力、提升自我的紧迫感、疲惫的身体、碎片化的时间、琐碎的事情，让她时常有一种不知所措的感觉。

碎片化时代的来临，导致时间出现碎片化，在繁忙的工作、疲惫的生活之余，有一些没有安排工作、没有被计划、零散的、规律性较差的时间，就是我们所说的碎片化时间。信息时代，注意力也可以成为新一轮经济热点。这源于互联网技术和电子终端的普及，我们每天总是被海量信息包围，应对手机、电脑、平板电脑和无处不在的广告带来的信息冲击，不管是热点新闻、娱乐八卦、学习培训还是网络社交，不断地牵扯着我们有限的注意力。上班、学习、社交、看新闻、刷朋友圈、娱乐休闲，不管是工作还是生活，即便在公交车上也刷 5 分钟的朋友圈，好像永远有做不完的事情。虽然每天忙碌不堪，但收获不多，沉淀不够。人们的注意力不断被转移和分配，我们对时间的感知也变了，时间被碎片化了。

目前，比较火热的是国内最大的在线实用技能平台——某课堂。因为研究过现代人的时间碎片化，所以探索出知识付费这条途径。目前，在课堂里拥有数万门课程，覆盖多门教学领域，旗下还会分很多门类，有几十万个视频供人们学习，累计注册用户上千万。

这些学习视频主要是以效果导向为主要内容，针对现代人体验、移动学习、碎片化时间的特点来制作合适的视频，同时考量内容的结合，以降低用户进入学习的门槛，方便快捷，从而保障现代人的学习效果。

就在前不久，这个课堂还推出了新版本。在新版本中，课堂不仅引入了书籍、文章、3—15 分钟短视频等碎片化知识内容，将碎片化知识与系统性知识相结合，进一步降低了用户的学习门槛。

激活流失的碎片时间，零存整取。试着去注意日常生活中的这些小碎片，控制住你的时间。时间碎片不能去创造，也无法消除，时间块才是成事根本。不能因为时间碎片的“香”而忘记了解决温饱问题的是时间块，否则就会舍本求末了。集中利用好时间块，有意识地去消磨时间碎片，会让你的时间管理锦上添花。

碎片时间有些是长期存在，如上下班的通勤时间，这是两个任务之间的缓冲缓解，这是客观形成的。还有部分碎片时间是人为造成的，如本来应该 1 个小时完成的工作，但一会儿接电话，一会儿回短信，一会儿上厕所，结果 1 个小时被人为地切割成小碎片，这不仅影响了工作效率，还会让自己感到焦躁不安。

当然，对个人而言，碎片时间存在是有差异的，有人集中在白天，有人集中在晚上，有的甚至会出现周期性变化。但是，别小看这些小块时间，可塑性是极强的，特别是那些人为制造的碎片时间，按照某种顺序或规律，完全可以组合成一段可以利用的时间。

1. 碎片化时间对自己的意义

尽管碎片化让我们变得焦虑不安，但需要适应并坦然接受。当然，利用碎片化时间的目的是使时间价值最大化，不过价值需求是因人而异的。有人利用碎片化时间来放松心情、调节状态，有人用来学习知识，有人用来社交。所以，要明白碎片化时间对自己的意义，才有机会对其进行挖掘。

2. 分析碎片化时间

根据自己的实际情况，分析其分布规律，是早上、下午或晚上，或是周末节假日。梳理好碎片时间，安排自己在这些时间里做些什么，尽量避免其他事情转移注意力。假如短期的碎片化缺乏规律，那就拉长时间具体分析，找到其中的规律。

3. 利用好碎片化时间

当然，我们需要避免人为制造碎片时间，提高工作效率。在自己注意力最集中、效率最高的时间段做最重要的事情。可以在碎片时间里看新闻、看视频、听音乐、在线听课，这些内容时间段、灵活性强，分阶段学习对效果影响较小。

小贴士

时间碎片化是一种现象，但并非不可控。很多时候，我们需要关注的是自己，而不是时间，管理好自己的注意力，才能更好地利用碎片化时间，按照个性需要，制定高效碎片时间利用策略，发挥碎片时间最大的价值。

瑞士奶酪法，“短时间”创造时间

瑞士奶酪法，就是在一个比较大的任务中使用“见缝插针”的方法，利用零碎时间，而不是消极等待整块时间的出现。这个方法由阿兰·卡凯提出，当然，如果想要熟练使用瑞士奶酪法，需要了解自己的碎片化时间通常有多久，可以做多少时间，适合做什么事情，这样自己才会“钻奶酪”。

根据碎片时间产生的环境，选择不同的利用方式。我们对于闲碎的碎片时间经常的消耗方式：看书、听歌和朋友聊天；思考一些自己感兴趣的话题，思考人生；阅读书籍新闻，关注一些时事新闻；玩手机、电脑；与亲朋好友交流沟通；还有听音乐、发呆等。有意识去注意这些时间碎片，你会有意外的收获。对于工作中的白领来说，除了工作和休息的时间，就是他们的碎片时间，还可以用来根据自己的兴趣兼职自己的第二职业。

美国现代诗人、小说家爱尔斯金对时间有着正确的认识，每次被问到如何利用时间这个问题，他总是道出这样一番颇有深意的话：“当我在哥伦比亚大学教书的时候，其实就诞生了写作这个梦想。但是现实是残酷的，我要上课、评卷子、开会，这些事情几乎把我一天都挤满了。在这之后的两年时间里，我几乎不曾动笔，我总是说自己太忙了……后来我意识到这样是不行的，或许忙只是自己的借口，我会利用好那些零碎的时间，哪怕只有 5 分钟，我也会打开随身携带的小本子写下 100 字或短短几行。令人意外的是，长时间的积累，我竟然拥有了很多的稿子。再后来，我采用一样的积少成多的方法写出长篇小说，尽管我的工作越来越忙，但是我依然可以利用那些不经意的几分钟。而且我还利用业余时间练习钢琴，哪怕那些看起来不起眼的零碎时间，却成就了我的作家梦和钢琴家梦。”

改变你的时间观念，在认识时间就是金钱的基础上，合理地利用你的时间，不放过每一小块时间，是你取得一番成就，成为成功者的捷径。对于现实工作来说，利用短时间，就是要求你把工作进行得迅速，如果只有 5 分钟的时间给你写作，你就不可把 4 分钟消磨在咬你的铅笔尾巴上。思想上事前要有所准备，到工作时间届临的时候，立刻把心神集中在工作上，迅速集中脑力，并全力以赴地行动。

爱尔斯金是美国著名的钢琴家，他年轻时师从钢琴老师华尔德。当时，爱尔斯金往往会花很多时间去练习钢琴，偶尔会感到厌烦，这时，老师对他说："其实你每次练钢琴别太长时间，甚至你可以在平时业余时间去练习。"爱尔斯金当时很迷惑，自己想要成为专业的钢琴家，怎么可能只用业余的时间去练习呢。

很多年过去了，成年后的爱尔斯金每天不得不面对生活和工作的双重压力，日程安排得满满的，但他依然觉得时间不够用。某一天，他忽然想起华尔德老师曾经教自己在业余时间来练习钢琴的事情。于是，他开始尽可能地利用业余时间来做该做的事情，就这样经过一段时间之后，他发现这样的方式大大地提高了工作效率。

俗话说："时间是单行线，只会前进不会回头。"当我们工作的时候，总是抱怨时间太少做不完，不过你是否想过：时间真的不够用吗？还是有些时间被你无意中浪费了呢？

利用碎片化时间，就是用短时间创造时间，实际上一天 24 小时我们有很多时间是浪费了。如中午吃饭后的午休，晚上下班后的看电视，吃饭后的闲聊，工作中和同事的闲聊等，都是短时间的浪费。

时间对我们任何人都是宝贵的，学会利用时间、掌握时间的人才是一个聪明的人。时间的长短虽然不可控制，但是我们可以珍惜自己拥有的宝贵时间，让时间散发出青春和活力。

1. 利用工具安排时间

人们习惯利用整块时间做事，进入状态非常缓慢，偶尔需要喝杯咖啡、看看新闻才进入状态。但可用的业余时间往往是零散的，假如不能抓住零散时间思考，那就更没时间了。所以可以下载阅读、记录、拍照笔记类的 APP，方便自己在零碎时间把看到的、读到的及时地收集起来。

2. 高效专注地工作

碎片化时间使用起来与整块时间的效果差距较大，这时就需要专注工作。别因为身边的人说了什么话，就忍不住去聊几句，也别看各种提醒的信息，等到任务告一段落，再统一查看和回复，这样保证了做事的规律，也不会错过什么。

3. 每天只做 1—3 件事

选择越多，时间越多。每天只选择 1—3 件事情去做，辅以不懈地追求。或许你不会喜欢这样的限制，但是这种方法可以便于安排更重要的事情，比起那些很多事情一起做，可以让事情更出色。

小贴士

时间管理的最大成功，不是取得了什么了不起的大成就，而是让自己能更明晰时间的去向、对事物的价值度有所衡量，并通过“管理时间”这一具体行动，让自己不再盲目焦虑。通过短时间创造出时间，提升时间利用最大化。

合理利用你的闲暇时间

在生活中，尤其是职业女性，每天的日程表都被安排得满满的，需要很早起床，因为做早餐是她们一天的第一项工作，还要收拾餐具，然后再匆匆地跑出家门。在单位里熬了 8 个小时之后，还要拖着疲惫的身体回家，但是依然不能休息，因为还要做晚饭、收拾房间，有时还要洗衣服。可以说，职场人算是世界上最忙的人了，在他们的时间观念里根本没有闲暇时间这个概念。

有一次，卡耐基决定去巴黎拜访一个很多年没见的远房表姐。在卡耐基 12 岁的时候，表姐就远嫁到巴黎，他们已经很久没见面了，所以当表姐在巴黎见到卡耐基时非常高兴，嘱咐仆人好好招待他。不过，令卡耐基感到奇怪的是，表姐有了很大的变化，她消瘦了很多，而且整个人看上去没什么精神。卡耐基希望能与表姐聊聊，她最近都在忙些什么。不过，表姐似乎并不想与他聊天，她看起来是那么的忙，好像卡耐基的突然到来令她有些措手不及。

当时，卡耐基到巴黎已经是傍晚了，表姐正打算出门，简单的招呼之后，表姐就说："戴尔，你先在家里休息一下，我现在必须得走了，因为我要赶着去参加一个非常重要的课程。"卡耐基只好答应下来，表姐则匆忙出了家门。

吃过晚饭之后，卡耐基和表姐家的仆人聊天，并询问仆人："表姐最近过得怎么样？"老仆人告诉卡耐基："她最近过得很累，因为你的表姐夫之前丢失了一份好工作，现在她不得不和丈夫一起承担养家糊口的责任。虽然她平时不需要做家务，但是她会利用每一分每一秒去赚钱，刚才她就是出门去给小女孩上钢琴课。"听到这样的话，卡耐基很吃惊，问道："难道她就没有时间来休息吗？"老仆人叹口气："她非常繁忙，假如一个人可以不睡觉，我想她会24小时都在工作。"

听了老仆人的话，卡耐基总算明白表姐为什么变化那么大了，原来一切都是忧虑而导致的，而最终的源头在于没有多余的时间来休息。

亚里士多德曾说："人唯独在闲暇时才有幸福可言，恰当地利用闲暇时间是一生做人的基础。"确实，闲暇时间对于我们每一个普通人而言是至关重要的，尤其是对于职业女性。精神科主治医师约翰·克雷曾说："人的精神如果总是处于紧张状态的话，很容易导致各种精神疾病的产生，而合理充分地利用闲暇时间则是缓解精神紧张的最佳方法。"

舒曼以前是一个工作狂，很早就去办公室，一直工作到晚上七八点，晚上回去还得加班加点。周末也不会待在家里，而是去办公室加班，她有一种感觉，只有待在办公室似乎才有踏实感。

后来，她因为工作太劳累而身体吃不消，公司高层便将她调到了一个相对而言闲一些的部门。这一下子让舒曼非常不习惯，平时上班还好，一到周末就开始恐慌。该怎么过呢？刚开始舒曼还偶尔约朋友来家里吃饭，然后一起聊聊天。但是朋友也有自己的安排啊，等到舒曼一个人在家里的时候，她便无所事事，从早上睡到中午，然后看一下午的电视剧，或者看看小说。日子对她而言，总是过得很慢，也无比煎熬。

后来，舒曼交了健身教练的男朋友。由于男朋友比较喜欢运动，便把舒曼也带动了起来，她每天到健身房打卡报道，运动1个小时，周末则跟男朋友去附近的地方玩，摄影、赏花、游玩，周末的时间过得忙碌而又充实。舒曼感觉通过这样的生活，让自己身体得到充分休息，每周的工作也更加有效率。

后来，舒曼与男朋友分手了，但这并不妨碍她计划好自己的周末，依然会选择健身，然后自己烧一顿丰盛的午餐。有时候也会一个人在家里开着音乐，看看名著，生活过得无比惬意。

你是否一天经常觉得有很多细小的事情要做，却又不知道该如何开始。一件工作分配给你，你总是到了快到交工作时忙得焦头烂额？你是否经常下班回家路上才想起工作没做呢？于是，你把工作带回家做，搞得生活与工作严重交叉，压力更大。

1. 制订一天时间表

每天需要空出15分钟制定当天的时间表：写下自己要完成的这一天的任务；给这一天的任务制定时间顺序；预计每件事情所需要的时间；给每件事情分配时间；把每件事情都填入时间表，提醒自己某个时间段应该做什么。

2. 接听电话的技巧

如果在接听电话时不注意技巧，也很浪费时间。如避免太多关于工作以外的闲谈；及时地用笔和纸记下重要的东西；准备好说什么；给出确切的答复；不要在做非常重要的事情时打电话；认真听电话的详细内容。

3. 注意电脑资料的整理

假如使用电脑不当，也很容易浪费时间。在系统中创建工作文档；把需要长期保存的文档移入合适的文件卡，及时删除不需要保存的文件；在桌面上创建快捷方式，便于直接进入工作文档。

4. 制定待办工作清单

制定待办工作清单，如每天待办清单、项目待办清单、长期待办清单。这样可以帮助你分配个人的精力，帮助你更有效地规划一天，从而使你事半功倍、目标明确。

5. 防止别人的打扰

遵守“办公室保持安静”的原则，防止同事找你无休止地聊天、闲谈而浪费双方的时间。当你正在构思一个重要方案、计划，或者与重要客户通电话时，可以关上办公室的门，这样可以防止别人的打扰。

小贴士

随着社会环境的变化，人们面临的生存压力也越来越大，因此很多人开始忽视闲暇时间。他们把享受闲暇时间看成一种浪费生命的行为，认为那种做法会让自己陷入困境。实际上，为了能够适应整个社会环境，人们必须学会给自己减压，也必须让自己得到放松。否则，压力会让你精神衰弱、情绪紧张，继而剥夺你的快乐和幸福。

碎片时间，成就斜杠青年

利用那些碎片化时间，还能够成就斜杠青年。斜杠青年出自《纽约时报》专栏作家麦瑞克·阿尔伯撰写的书籍《双重职业》，指的是一群不再满足“专一职业”的生活方式，而选择拥有多重职业和身份的多元生活的人群。现代社会，斜杠青年越来越流行，已渐渐成为年轻人热衷的生活方式。

比如，阿卓的工作是程序员，休息时成为笔耕不辍的作家，周末还能化身变出一桌美味菜肴的营养师，这种“程序员/作家/营养师”的多重身份，就是对斜杠青年的完美诠释。社会进入后工业时代之后，服务业成为最大的产业，不仅仅涉及生产，交换的大多为个人技能、知识和时间，个人成为独立的服务提供商，而互联网的发展又为此提供很好的支撑，帮助供需方解决信息不对称问题，让大部分技能拥有者摆脱机构的束缚，直接为用户提供服务。

2016年，在美国，自由职业者的比例已超过了5300万人，希拉里在演讲时说，美国自由职业者占职场数量的三分之一，并有望在2020年达到二分之一。据统计，美国在2014—2015年，远程工作数量就增长了27%，每5个人中就有两个是在线上完成的工作。在未来的职场中，员工可能大部分都成为自由职业者，而非受雇于单一一家组织，而这一现象在目前已并不鲜见。在互联网发展突飞猛进的今天，由于技术帮助供需双方解决了信息不对称的问题，使得人们的角色变化更为便利。

拥有一家文化传媒公司的大山，经营着自己的微信公众号，堪称最敬业的自媒体人。他还是市作家协会会员，下班后就开始撰写小说《桃源之外》。同时，他还是一家农产品公司的总经理，主要负责产品的营销策划，利用专业知识给客户提供网络营销策划方案和网络营销咨询服务。

当然，平时闲来无事，大山还会约上几个朋友一起上山拍照，主要为了排遣工作带来的压力。尽管只是把摄影当作业务爱好，但大山的摄影大作却经常出现在各大报纸杂志，甚至屡屡获奖。

斜杠青年的出现，颠覆了单一雇佣制的劳动模式，让人力资源流动起来，达到充分且可重复地利用。愿意在平时生活之余学习一些知识的年轻群体越来越多，他们对于生活品质的要求和期待，远高于父辈，更愿意尝试自己真正感兴趣的工作，而非仅找一份养活自己的饭碗。

2017 年，周洁的第三本摄影散文集《廿四：南北风物里的四时节气》公开出版，以美丽的画面、细腻的文字诠释了二十四节气文化。

早在 2009 年，周洁便拿着相机四处奔跑，拍摄自己觉得美丽的风景。2012 年，她将照片整理成一组“二十四节气”发在网上，本来只是兴趣使然，结果却引起了网友的一致追捧，并评价这是最美的二十四节气图。

瑞金医院门诊九楼，身材高挑的周洁快步穿过胃肠镜检查区拥挤、忙乱的长廊，推开检查室大门，一闪而过的白大褂如战袍般不容一丝懈怠……午休时，在医院附近的茶室里，捧起茶盏，纤细白皙的手指上精巧的细环戒指，和着暗淡发紫的细金镯子，在枣红色中式麻质小衫的映衬下，她又做回那个蕙质兰心的江南女子“青简”。

在平时工作中，她是穿梭于中医院走廊的主治医生周洁；生活中，她是翻山越岭四处拍照的摄影师、旅行家、作家……她是拥有多重身份的斜杠青年。

这些年来，“青简”除了做好医生的本职工作，行走、摄影、书写，沉浸在自己的业余生活当中，除了“二十四节气”，她也曾整理过“十二时辰”、《诗经》等组图。“青简”觉得自己除了收获，“思想愈加宽广，对于现实的东西越来越不太在意，人更轻松超脱了”。

年轻人的目标是支撑行动起来的动力源泉，一个好的目标是可实现、可量化、可执行，将全年的计划分解为月计划、周计划和日计划，并对应量化。如除了本职工作希望成为作家，每天阅读不少于 1 小时，写作不少于 1 小时。明确目标，还需要确定目标的优先级，将最好的时间段和精力用来完成最想完成的目标。然后分析一下可利用的碎片化时间，上班比较晚，每天只要坚持早起就肯定有个人时间；公司住的地方比较远，单程通勤30分钟，一路上有部分时间可利用；下午6点下班，到家后除了吃饭等琐碎事情还是有可利用的时间。

确定碎片时间，然后将自己的目标与可利用的时间进行匹配。早上的时间好处是头脑清醒、精力充沛，然而早上的时间也很宝贵，偶尔起晚了或者做什么事情慢了就会影响上班，若有充足的时间可运动30分钟；通勤的时间较长，但是可利用的时间有限，受场地限制能做的事情也有限，时间质量较差，可做碎片化阅读；下班后的时间相对比较充裕，晚上也比较适合沉静下来处理事情，然而工作了一天，这时候精力状态往往欠佳，可先运动再进行写作或阅读。

1. 先做好本职工作

正所谓“商而优则仕，唱而优则演”，斜杠青年开辟第二领域的前提，是本职工作做得足够出色。这样才能保证有足够的时间、金钱和精力，去拓宽视野、学习知识、练习技能。

2. 突破行业壁垒

每个人的时间、精力有限，如果每个领域都来一遍比较不现实。一方面，可以用同一个能力叩开不同领域的大门，如果你文字功底很好，那么可以做作家、编辑、编剧、自媒体等各种选择；另一方面，可以把不同的价值提供给同一批人，如果你在电影评论圈小有名气，那么可以顺便讨论一下音乐或者电视剧。

3. 做感兴趣的事情

每一个领域的切入应该是兴趣导向，而不应该是金钱导向。尤其是在新领域中新技能仍不熟练的时候。技能需要慢慢打磨，经验需要点点累积。万事开头难，在开拓新领域的初期，将有一个不赚钱甚至是“赔钱”的开始，只有自己对这一领域的兴趣，才能使自己坚持到收获价值回报的那一天。

小贴士

如何通过碎片时间成就斜杠青年，归根结底，还是需要利用好时间，在有限的时间内完成想做的事，这其实是在时间管理前先做好目标管理。

家庭主妇，打理好你的闲暇时间

林语堂曾说："要真正了解一个人，只要看他怎样利用余暇时光就可以了。"为什么人们提到家庭主妇，心中总是不屑，好像家庭主妇除了打理好家庭就没有别的事情了。事实上，大部分家庭主妇除了煮饭、带孩子、看肥皂剧，其他之外真的没有做对自己有益的事情，所以最终熬成了黄脸婆。

有人曾经做过一个分析，一个人的一生如果按 72 岁计算，其一生中睡觉占了 20 年，吃饭 6 年，生病 2 年，文体活动 8 年，工作 14 年，而闲暇时间有 22 年。在闲暇时间里，一个总是无事可做、浪费光阴，总是以消磨时间为目的去从事一些娱乐活动的人，在平常生活里几乎也是一个被动者，生活态度消极，抱着一种只是想虚度光阴的态度。而有的人则会在闲暇时间将自己的生活打理得井井有条，利用碎片化的时间努力提升自己，去读书、旅行、看世界。在他们看来，每一天的生活都是美好的、快乐的。事实上，别看家庭主妇每天忙忙碌碌，闲暇时间真的是能抽得出来的。

内勒·斯皮尔夫人住在纽约，她独自一个人住在一个三居室的套房里。当时，她的丈夫已经不幸去世了，两个孩子都已经各自成家了，只剩下孤独的她。

闲来无事总想找一件事情做，有一次，斯皮尔夫人在一家药店的喷泉边吃冰淇淋的时候，她无意中发现那个地方也卖烤制的小饼干，而且那些小饼干看起来并不怎么样。斯皮尔夫人心想：自己为什么不趁着空闲的时间做一些小饼干来卖呢？斯皮尔夫人走过去询问那位经营者，问是否愿意购买自己制作的小饼干。结果，那个经营者订制了两份。

其实，斯皮尔夫人住在佐治亚的时候，因为当时家里请了佣人，所以她一生中亲手做的饼干估计还不到 12 块。不过，当这位经营者订制了两份饼干之后，斯皮尔夫人决定开始重新学习做饼干，她开始向邻居的女士请教如何做苹果派。当斯皮尔夫人做好之后，她开始送到喷泉那里去卖，当那些来喷泉边上玩耍的顾客高兴地品尝过她第一次制作的苹果派、柠檬派之后，第二天药店就订了 5 个。之后，那些订单源源不断，斯皮尔夫人非常繁忙，她找到了一件有意义的事情，她感觉自己不再孤独了。

在不到两年的时间里，斯皮尔夫人制作饼干的手艺大增，她可以一个人在自己家的厨房里完成每年烤制 5000 块饼干。当然，她的收入也是可观的，她的本钱不过是做饼干的一些面粉，其他都没怎么花本钱，而她一年的收入高达 1000 美元。

斯皮尔夫人感觉自己一生之中从来没有这样开心过，由于她自制的水果派的需求量越来越大，最后还开了一个小店，她请了两个女孩子来店里帮忙：做派、蛋糕、面包、面包条等。甚至在战争期间，人们都会排着长队来买斯皮尔夫人自己家做的食物，有时还需要排一个小时的队才可以买上。

每天，斯皮尔夫人在自己的小店里待上 12—14 小时的时间，不过她从来不会感觉到辛苦，因为喜欢，所以觉得这根本不算工作，这只是一种全新的生活。斯皮尔夫人觉得自己只是做了一些小小的事情，当人们吃到自己做的饼干会感觉到快乐，这就足够了。因为经常忙着店里，忙碌的斯皮尔太太从来不会感觉到孤单，根本没有时间去烦恼和忧虑。忙碌的工作弥补了斯皮尔太太失去丈夫之后生活的空虚感，当然，她现在非常享受自己目前的生活。

对于其他那些厨艺比较好的妇女是否可以像自己一样利用空闲时间，

采用同样的方式挣钱，斯皮尔太太是非常支持的。她说：“她们也可以，她们当然可以这样去做。”试想，每个城镇都有无数个像她这样的妇女，假如可以利用自己的厨艺挣钱，不仅贴补了家用，而且还积累了财富。

爱因斯坦说：“人的差异在于业余时间，业余时间生产着人才，也生产着懒汉、酒鬼、牌迷、赌徒。由此不仅使工作业绩有别，也区分出高低优劣的人生境界。”家庭主妇需要注意，生活的态度，决定了生活的品质，即使在闲暇时间，也需要用心经营。生活品质的好坏，不在于生活有什么，不在于生活是否忙碌，而在于你是否用心地生活。

王太太和李太太都是家庭主妇，生活在同一个小区。

王太太周末将孩子送到父母家里，然后周五晚上熬夜追韩剧，周六睡到中午才起床，下午则去小区棋牌室打牌，赢钱就高高兴兴，输钱了回家则乱发脾气。只要她一停下来就每天抱怨、自责、纠错，不是数落儿子读书不争气，就是嫌弃丈夫挣钱不够多，颇有一种怨妇的姿态。

李太太在闲暇的周末报了几个兴趣班，烹饪、插画、跳舞，这么多年她就是利用闲暇时间保持很多好习惯，早起还会晨跑 1 个小时。中午的间隙，她更会选择看看书、喝喝茶、晒晒太阳。即便这样的时光很短暂，但她总能腾出时间做自己喜欢做的事。为了让儿子对诗歌产生兴趣，她还学习《朗读者》在家里跟儿子朗诵起了诗歌，读起了散文。丈夫工作压力大，她会专门在网上学习一些简易的心理学课程试图帮丈夫减压。

大部分女人结婚生子之后，成为名副其实的家庭主妇。在好不容易的闲暇时间里，不是整天逛街、追剧、打麻将，就是聊八卦、睡懒觉。玩过之后，她们总抱怨：“生活无聊没意思。”之后还是会用这种方式来消遣闲暇时间，最后整个人都变得消极悲观，心情越来越焦躁。

1. 打理温馨的家

无聊的时间，不妨行动起来，把家收拾得干净一些、温暖一些。把窗台插一瓶花，让桌子干净一些，让屋里整洁一些，不管是你的家人还是你自己，都会有一种很踏实、很温馨的感觉的。

2. 换个发型

就算是家庭主妇，最起码也定期为自己换个发型，即使你不去理发店，你也可以尝试很多发型，如长发的可以选择顺直的长发、妩媚的卷发、利索的盘发等。换个发型，会让你看起来更有魅力。

3. 至少精通一门手艺

除了照顾家庭和收拾家里，不要觉得时间无聊漫长，学会一门手艺，绣花，泡茶，种花，等等，你会觉得时间很宝贵。

4. 修炼烹饪技术

每天在家研究一下美食，研究一下适合家里人体质的美食，一来对家人身体都好，二来家里人还能吃到健康美味的食物，三来还能打发一些闲散时间。可谓是一举三得。

5. 帮助孩子制订计划

可以根据孩子的学习情况，帮助孩子制订每个学期要做到的事情，如把哪门功课提高上去，年级名次应该提升几名，等等。不要觉得家庭主妇除了洗衣做饭拖地就没事干了，孩子的学习，是家庭主妇必须承担的责任。

6. 别忘记保养自己

尽管家庭主妇不需要精心打扮，但是素颜更需要你自己的保养，身体的保养，以及皮肤的护理。每天做几款保养身体的煲汤，做些天然的面膜，身体保养、皮肤维护自己动手，既经济又安全，还能学到很多知识。

7. 提升自己

不管女人多大年龄，读书都能够提升自己的文化底蕴，能够提高自己的内在气质与做人的基本修养。不要觉得读书不能带给自己现实中的实惠，那种读书所带来的气质是任何金钱都买不到的，任何化妆品、金银首饰、名牌衣服包装不出来的。

小贴士

家庭主妇懂得在闲暇时光不断丰富自己，提高自己，让自己增长见识，会拥有更快乐、更美好的人生。世界上整日困于家务的女人有很多，但懂得在闲暇时间追求上进、努力丰富自己的女人拥有更积极乐观的生活态度。

第11章 Time 时间

不值得，别把时间用在无事忙上

人生是有限的，而时间的流逝则是无限的。我们总说时间很宝贵，但许多人却将这些宝贵的时间花在无聊的事情上，表面上看是个忙碌人，实际上却用在毫无意义和价值的无事忙上。真正的管理，是尽可能将时间利用得淋漓尽致，努力地去做自己想要做的事情。

别把时间浪费在“不值得”上

人们普遍存在一种心理：一个人如果觉得这是一件不值得的事情，他往往会持冷嘲热讽、敷衍了事的态度。换句话说，对于他们认为不值得去做的事情，那就不值得去做好。当然，由于这种心理，使得他们在从事自认为不值得的事情的时候，难以成功。即使成功了，他们也体会不到多大的成就感。每个人都有不同的价值观，而人们去做事情的标准则是：只有符合自己价值观的事情，他们才会满怀热情去做。对于符合自己价值观的事情，他们能够做得很好；反之，与自己价值观不相符合的事情，他们是很难做好的，因为缺乏足够的热情，这就是心理学上的“不值得定律”。在职场中，同样一份工作，在不同的环境下，它所给我们的感受是不同的。例如，在一家大公司，初入职场的你被安排做打杂跑腿的工作，很可能你认为这是不值得，结果，你就连一些小事情都不能做好；反之，一旦你晋升了职位，你就会觉得这份工作是很难得的，自己一定要努力工作，因为它值得你去为之努力。

“我喜欢创作，但我却在做指挥。”这个矛盾一直折磨着世界著名的指挥家——伦纳德·伯恩斯坦。虽然，他无数次站在舞台接受掌声和鲜花，但是，他心里是不愉快的，总是感到一阵阵隐痛和遗憾。生活中，我们常说“选择你所爱的，爱你所选择的”，其实，说的就是这个道理。当我们选择的是我们所感兴趣或认为有价值的事情，那么，我们就会激发出全身的力量去努力，心里也会相对坦然很多。对此，“不值得定律”给予我们这样的启示：不值得做的事情不要做，值得做的事情就要把它做好。当然，什么是值得的，什么又是不值得的，这根源于每个人的价值观。

小杜是计算机专业的硕士生，毕业后去了一家大型软件公司工作。工作没多久，他就凭着深厚的专业基础和出色的工作能力，为公司开发出了一套大型的财务管理软件，对此，他得到了公司同事的称赞和上司的肯定。

就在去年，小杜被提升为开发部经理，在上司看来，他不仅精通技术，而且还是一个值得下属信任和尊敬的上司，而他所领导的开发部屡创佳绩。公司老总认为小杜是一个不可多得的人才，就把他提升为总经办，负责全公司的管理公司。接到任命通知书后，小杜显得并不高兴，他明白自己的特长是技术而不是管理，如果自己纯粹去做管理，会使自己的特长无法发挥，而且，专业技术也将会被荒废。更关键的是，自己并不喜欢做管理，在小杜看来，那是不值得去做的工作。

可是，碍于上司的权威和面子，小杜还是接受这份对他来说不值得做的事情。果然，在接下来的一个月里，虽然，小杜做出最大的努力，但还是令人失望。上司难以体会到他的苦衷，也开始对他施加压力。如今，小杜不但感到工作压抑，毫无乐趣可言，而且，他越来越讨厌这份工作，甚至想到了离开公司另谋出路。

大量研究表明，在职场中，至少有一半以上的人将精力花在与工作无关的事情之上，如果你一天花这么多时间在一件不值得去做的事情之上，那么，工作对于你而言，将会变成一件痛苦的事情。就像案例中的小杜一样，或许，因为这样，还会波及你的大好前程。在这里，警惕那些将精力花在不值得去做的事情上的人，不要再耗费自己的生命了。

那么，在生活中，我们该如何避免“不值得”观念的产生呢？

1. 不断补充知识

论语曰：“十五而志于学，三十而立，四十不惑，五十知天命，六十而耳顺。”人生是一个不断学习、不断丰富的过程。随着年龄的增长，我们的知识以及能力也会有所提高。在知识的感知下，我们将越来越能正确分辨，哪些事情是值得去做的，哪些事情是不值得去做的。

2. 换个角度思考问题

俗话说：“旁观者清，当局者迷。”有时候，我们置身其中，往往不能分辨出这件事到底值得不值得。这时候，我们应该换个角度思考问题，站在第三者的立场看问题，这样你就会多一些理解与包容，看问题会更全面、更周到。这样，你会对一些之前认为不值得的事情有了一些改观。

3. 善于听取别人的意见

哲人告诫我们：“多听，多看，多想，凡事三思而后行。”对于每一件事，每个人都有自己看不到、想不到的地方。为了避免一些人生的错误，我们应该多听、多看、多想，多听听他人的意见，这样，我们才会将事情判断得更准确，避免过分值得或不值得的现象出现。

小贴士

或许，是到了你该离开的时候了，离开这个不能让你振奋、给你新知的地方了。开始重新去寻找一些值得去做的事情，这样，也才能体现出你应有的价值。

关注八卦的娱乐世界，真的费时费力

你每天花了多少时间浏览明星的微博和贴吧？花了多少时间与朋友谈论明星八卦？关注八卦的娱乐时间，真的费时费力。很多时候，快乐与幸福来源于自己。叔本华在《人生的智慧》中道出了自己对人生的见解：无论世界怎样变化，无论周围的人怎样对待自己，快乐与幸福永远都是来源于自己。或许，我们可以说，只有来源于自己的开心才是最幸福的。许多人总是将快乐寄托在别人的身上，看到别人笑才会开心，听到别人的赞美和感谢就会高兴。但是，随着时间匆匆而过，留下的不过是回忆。而那些记忆中尚存的点点，只是零星的、琐碎的，它们在我们的人生里是多余的，毫无意义的。

现代社会，经济迅速发展，生活节奏也是越来越快。在如此紧张的生活节奏中，人们发现自己越来越难以捕捉到生活中的快乐与幸福。于是，许多人开始关注别人的生活，如活跃在大屏幕上的明星、深陷娱乐世界的八卦新闻。今天，某某女明星陷入离婚危机；明天，某某男明星吸毒入狱。那些娱乐世界的八卦新闻似乎比电影情节更吸引人，同时，也给人们茶余饭后带来了更多的谈资。

豆豆今年25岁了，她在一家外企公司工作，每天过着朝九晚五的生活。按理说，这样年龄的女生已经过了追星的年龄，可是，熟悉豆豆的人都知道她每天最大的兴趣就是关注八卦明星的生活琐事。

每天，豆豆很早就到了公司，打开电脑，点击“娱乐新闻”，这已经成为她生活的一部分。细细浏览那些八卦的娱乐新闻，豆豆一会儿笑，一会儿气得摔鼠标，一会儿又捂着嘴巴偷笑不止。紧接着，她嘴里就会冒出一大堆话来：“哎，谢霆锋和张柏芝离婚了，当初我多么看好他们啊，金童玉女啊，我再也不相信爱情了”“话说，华仔有了一对双胞胎女儿，真的还是假的啊”……

同事就纳闷了：“豆豆，你每天最开心的事情就是八卦娱乐世界啊，有那么开心吗？”这时，豆豆就会一副很无奈的表情：“我也是没办法，工作压力太大，每天找不到更多的不费脑子的而又让我开心的事情了，我这是自娱自乐。时间长了，我也就习惯了，每天不看娱乐新闻就会觉得少了点什么。”

难道我们对开心的奢求到了将它们寄托在八卦的娱乐世界的地步吗？其实，真正的快乐与幸福来源于自己。源于自身的快乐，是持久的，因为你快乐了，与此相应地，你的心态就好了。但是，如果你将这种快乐寄托在别的东西上，那么，那种被动的感觉，自己无法左右，还自欺欺人地说自己很快乐。

这是一篇已经年逾50的周先生所写的日记：

不知道哪位名人说过：幸福不是得到的多，而是索取的少。一个人容易满足，幸福快乐就会常相伴！

前些天，元旦女儿女婿来看我，一家人享受天伦之乐。在这短短三天中，我陪着他们逛街，我为他们花钱，看着他们吃喝玩乐。在拥挤的地铁，他们给我让座；在熙攘的大街，他们小心地扶着我。我感到很快乐，这是我自己内心深处的快乐。

今天清晨，我听着音乐来公司上班，看到环卫工人、出租车司机的辛苦，我感到自己比他们幸福；看着晨练的人，看着他们脸上洋溢着的笑容，我觉得自己能够自由地呼吸是一件多么值得庆幸的事情。

周先生虽然已经年逾50，但是，他的快乐却十分简单。原来，远离了那些八卦的娱乐世界，我们一样能获得快乐，而且，源于自身的开心将会让我们感到更幸福。

1. 别把一瞬间的兴奋当成幸福

八卦着娱乐世界的是是非非，他们感到很兴奋，因为他们所谈论的对象是高高在上的明星，但却无一例外地发生了一些普通人的故事。于是，越来越多的人陷入八卦的娱乐世界中，他们错把那一瞬间的兴奋当成了幸福。

2. 做对自己有意义的事情

一个人自身的快乐，就是找到自己真正喜欢的事情、真正想做的事情，不是为现实投入全部的热情，只是单纯的兴趣与喜欢。

3. 八卦娱乐新闻不会带来真正幸福

真正的快乐是生命本性的自然流露，从某种程度上说，只有不在乎外在的虚荣，快乐幸福才会润泽你的心灵。

小贴士

真正快乐的力量来自心灵，而不是八卦的娱乐世界。拥有快乐的心情才会感觉到活着是美好的，内心是喜悦的，还有一份抑制不住的真诚微笑，那是一种美妙的内心感受。

与其看无意义的肥皂剧，不如看书

无聊的周末，闲来无事的时候，相信许多人都会选择看电视来打发时间，排遣寂寞。当然，看电视是依循个人兴趣爱好，有人喜欢音乐，有人喜欢电影，有人喜欢肥皂剧。现代社会，许多媒体打出了“娱乐至死”的口号，无一例外地吸引了观众的目光。在媒体的大力宣传下，超级女生、快乐男生、琼瑶剧、韩剧层出不穷，而越来越多的人爱上了肥皂剧。

肥皂剧就是指一出连续很长时间的、虚构的电视剧节目，每周安排多集连续播出，因此又称系列电视连续剧，其实就是大家俗称的“偶像剧”。它起源于早期的欧美电视，原因是在晚间，电视台会播放一些搞笑的短片，没有深度，只求一笑，在这些短片里经常会夹杂着一些肥皂的广告。久而久之，大家都以肥皂剧来称呼这些短片。

许多肥皂剧都来自港台地区，以庸俗的故事情节、空洞无味的台词、俊男靓女为标准特征。在肥皂剧里，不乏一些标志性的台词，比如：“是你逼我的……”“你要多少钱才肯离开我女儿？”“对不起，请你不要离开我”，等等。

于是乎，为了打发时间，为了放松心情，为了能看见俊男靓女的爱情故事，许多人甘愿成为肥皂剧的忠实粉丝。也正因为有这样一些疯狂的电视迷，所以2005年的超级女生收视率居然超过了央视的春晚收视率。可是，娱乐之后是什么呢？是心灵无尽的空虚感。如果你想保持健康的身心，那么，请远离肥皂剧！

“韩剧”这个词对大部分中国女性来说，可以说再熟悉不过了。甚至有人说韩剧是一件彻头彻尾为女人量体定做的精神消费品，那么，韩剧是什么样的呢？唯美的景色，浪漫的剧情，痴情的帅气男主角，而这些因素统统是一个女人比较向往的。再加上现代都市生活尔虞我诈，人际关系比较淡漠，快节奏的生活，急功近利的心理，这促使现代女性普遍处于社会和生活的重压之下，人们急需一种释放压力的渠道。不可否认，韩剧唯美的画面、舒缓的节奏、细腻的处理为女性观众构建了一个日常生活的乌托邦，让那些整天沉浸在快节奏、竞争生活而又身心俱疲的女性朋友完成了一次美妙的梦想之旅。女性朋友为什么会痴迷韩剧，想必是韩剧能实现自己对生活的向往和期待，满足自己对于爱的需要吧。

王太太是一位6岁孩子的母亲，在超市从事销售工作，因为上班时间用手机看韩剧受到投诉，但是却无法控制自己。平时下班了回家总是看韩剧到深夜，尽管她一次次提醒自己：明天要上班，早点休息，但就是忍不住再看一集、再看一集……有一次她竟然看韩剧到凌晨4点，尽管最后强迫自己放下手机睡觉，但即便躺在床上，脑海里依然闪现的是韩剧里浪漫缠绵的爱情，久久无法入睡。

通过了解，王太太的婚姻并不浪漫，结婚8年，由于柴米油盐，婚姻早就没有以往的激情，王太太一直努力想在婚姻中去制造一些激情，不过由于老公的不配合，让自己的这种情感出现真空，没办法获得满足。而韩剧中的浪漫剧情，却激发了她压抑在内心的这种情感心理需要，导致她在韩剧里找到了自己无法在现实生活中得到的生活。

与电视剧一样，书籍也是人们选择的休闲活动之一。而读书对于每一个人来说，都是一种最好的修身养性的方法，也是最有效的方法。古人云："书中自有颜如玉。"一个人如果读了一本好书，他就会不断地吸取书里的好思想、好品德。久而久之，在他身上自然会流露出一种优雅的气质，潇洒而淳厚，高雅而迷人。所以，请远离肥皂剧吧，多读书，这样会更愉悦你的心灵。

小贴士

尽管肥皂剧可以让女性有一种替代性的满足，但我们都知道，沉溺于肥皂剧中是不现实的，因为毕竟不是现实，它们只是虚拟的。当然，肥皂剧在满足女性朋友的心灵时，也影响着其心理成长与心理发展，而我们需要做的就是不要让自己沉溺在肥皂剧之中，而是要更好地适应现实生活。

关注自己，别总关心别人的隐私

在生活中，大多数人总会有这样一个通病：关注自己太少，关注别人花了太多时间，而他们所关注的恰恰是别人的隐私。不可否认，好奇心是人的天性，每一个人都有窥探别人隐私的欲望。但是，在人际交往中，那些所谓的秘密，还是少知道、不知道为好，尤其是别人的隐私。将那些四处打听别人隐私的精力和时间花在关注自己的身上，看看自己是否工作退步了，是否生活颓废了，如此，你的心灵才会得到前所未有的释放。

如果你知道了他人的隐私，与此同时，你也就有了保守别人隐私的责任。那些告诉你秘密的人多了一份对你的顾虑，担心你会将他的隐私泄露出去。如果有一天秘密被泄露出去了，即使你根本没有说过，但也脱不了泄密的嫌疑，你将成为唾弃的对象。而且，一旦你陷入窥探别人隐私的泥潭中，你将会千方百计地打探别人的隐私，甚至会为某些无意中得到的小道消息而睡不着，纠结、兴奋、痛苦，心里有一种说不清、道不明的滋味。然而，你的心灵已经承担了重负，无法轻松起来。

阿美是出了名的大嘴巴，她总喜欢跟自己的好朋友分享一些“新闻”，那些新闻也就是谁又离婚了、哪位同学又傍了个大款、谁的老公在外面又有外遇了。阿美总是热衷于这样的话题，似乎看着别人的家庭不幸就是自己最大的快乐。只要一有风吹草动，阿美就急忙约上闺密一起谈论这些事情，并在一起进行讨论、分析。

有一次，她在外面喝茶的时候，偶然看见办公室同事琳琳的老公正与一位年轻貌美的女子喝茶。阿美想起琳琳平时总是心高气傲，还逢人就夸自己老公如何如何能干，现在看到她老公做出这样的行为，阿美不禁暗暗发笑。次日上班的时候，大嘴巴的阿美就跟办公室的同事分享了这一“新闻”。正在大家说得津津有味的时候，琳琳脸色阴冷地走了进来。原来，琳琳在卫生间的时候，正巧听到了阿美跟同事说起这事，到了办公室，又听见阿美更加放肆地谈论此事，本来心气就很高的琳琳怎么能容忍整个办公室的人都在谈论自己老公的桃色新闻呢？

琳琳当天就请假回家了，之后一直没有来上班，有人说她辞职了，也有人说她离婚了。而办公室的同事看见琳琳的遭遇都对其报以同情，而对谈论他人是非的阿美就开始敬而远之了。

像阿美这样总是关注他人的隐私，喜欢在别人背后说三道四的行为，无疑是让身边的人十分憎恶的。相比较一个沉默无言的人，那些口若悬河、满嘴流言蜚语，甚至口出是非之言的人，前者会很好地融入人际交往中，而后者则会成为大家厌恶的对象。

如果你想在人际交往中成为一个受欢迎的人，那么，学会关注自己，千万不要去关注或谈论他人的隐私。不该打听的事情不要去打听，不该说的话千万不要随便乱说，尤其是他人的隐私问题，更需要谨慎对待。

小松性格比较内向，平时在公司也不善言辞，似乎都快被上司和同事忽略了。他也显得自得其乐，总是一个人默默无闻地坐在办公室的角落，只专注于做好自己的分内工作。

这天，他把手上的工作做完已经过了下班时间了，偌大的办公室就只剩下他一个人，他一边收拾东西一边哼着歌。突然，他想起来有一份重要文件还在主管的办公室里。于是，他轻轻地推开了主管办公室的门，门一下子就推开了，他却站在门口惊呆了。办公室里，主管正亲热地搂着助理，小松手足无措，愣了一会儿，飞也似的逃离了办公室。

第二天，小松装作若无其事地来上班，他一向不喜欢去打听别人的隐私，即使无意中看到了，也会缄默不语，而他现在最关心的就是自己那尚未完成的工作。在办公室碰到主管和助理，他像什么事情都没发生过一样。

过了几天，办公室并没有出现什么样的流言蜚语，主管也开始重新审视小松的工作能力，并开始慢慢重视她。

虽然，小松无意中知道了主管和助理的隐私，但是他并没有把自己的所见所闻告诉其他同事，而是选择了沉默，全身心关注于自己的工作。其实，道理就是这样，有那么多空余的时间去打听别人的隐私，还不如将那点时间充分地利用起来，用在工作上、学习上，那未尝不是一个好方法。学会关注自己，而关于他人的隐私，即使你无意中知道了，最好的方式是三缄其口，把别人的隐私永存心底，把它忘了也未尝不可。

小贴士

即使是你无意中听到了他人的隐私，也不要到处张扬，更不能逮着一个人就说，每个人都需要有一个自由空间，你的尊重或许会换来他对你的信任。

你花很多时间来空虚和无聊吗

塞涅卡说：“人类最大敌人就是胸中之敌。”在现代人的字典里，“空虚”这个字眼所蕴含的分量似乎越来越重，许多上班族都有这样的经历：“我有工作，但是，一天什么事情都不想干，总是提不起精神，面对着电脑，也不知道自己要做些什么，真不知道以后的日子该如何走下去，心里空虚得要命。”空虚，是一种消极的状态，不能明确自己的目标，不知道今后的路该怎么走。更重要的是，在这样的心理状态下，压力很容易“钻”空子。他们常常因压力而胡思乱想，把怒火撒到其他人身上，而且，还自认为生气是很有道理的。所以，如果你是一个空虚的人，需要时刻警惕，不要让自己掉入压力的陷阱。

在生活中，人们往往存在不同的心态，有的人乐观，有的人悲观，乐观的人情绪平和安静，而悲观的人很容易受到情绪的波动。其实，空虚本身就是一种悲观的心态，空虚的人很容易陷入自我休眠中，因为找不到前方的路而迷失了自我。心中没有前进的方向，没有心灵的归宿，因而，他们总是花很多的时间和精力来想一件事情，哪怕只是一件微不足道的事情，他们想着想着，也能想出压力来。心中的无力感让他们感觉到诸多不安的情绪，在很多时候，他们自己也很想从空虚感中摆脱出来，可是，越是空虚，越是容易感到压力，越是感到压力，越感到前途渺茫。在这样的情绪循环中，情绪越来越糟糕，并渐渐主宰了他们。

小杨和男朋友相恋一年多了，可是，这段感情一直遭到父母的反对，在一个气氛尴尬的夜晚，父亲在电话里的那头生气地说道：“你要是再这样下去，就永远不要回这个家了！”电话放下后，小杨心都凉了大半截，未来该怎么办呢？和男朋友分手，接受那个家人介绍的对象？坚持自己的选择，和男朋友远离家人？路有千条万条，可小杨就是不知道自己该选择哪一条。

白天，男朋友上班了，小杨一个人待在家里，总想找点事情做，可是，内心的那种无力感和空虚感袭来了，她觉得浑身都没劲，就想一直沉睡，至少睡着了谁也打扰不了。偶尔，思绪万千的时候，她也会想起与男朋友诸多的不合适以及父母的担忧，越想心中越是焦虑，有时候，想着想着，她就暗暗下决心："今天晚上和男朋友说分手的事情，一定不能心软。"于是，等到男朋友回家的时候，小杨心中的怒气就上来了，尤其是看到某些自己不能认同的行为，小杨更是怒火中烧，大声斥责："我们结束吧，我不想继续了！"而且，这样的情景不是一次两次，而是多次，每次小杨独自一个人在家里，由于内心的空虚与混乱，总会胡思乱想，男朋友也感到很疲惫了，偶尔，他也会劝小杨："没事就出去透透气，不然，在家里迟早会闷出病来。"小杨内心里相当清楚，自己真的是由空虚而感到压力的，可是，有时候总是克制不住自己，也不知道自己到底该怎么办。

小杨内心的空虚，总是让"压力"钻了空子，结果，好端端地多了那么多的坏情绪。在人生的旅途中，成败得失，恩恩怨怨，乃至空虚寂寞，始终伴随着我们。如果我们总是把这些伤心的话、烦恼的事情、无聊的事情记在心中，永远留在心里，无异于背上了沉重的包袱，套上了无形的枷锁，同时，也让郁积在心中的不良情绪有了可乘之机。

有时候，为了摆脱空虚，他们会沉浸到另外一种空虚的生活中，漫无目的地游荡、闲逛，消磨大好时光，因此，空虚所带给我们的是百害而无一利。

那么，面对空虚，我们该怎么调整自己呢?

1. 有理想

俗话说："治病先治本。"空虚产生的主要原因源于对理想、信仰以及追求的迷失。知晓了空虚产生的根源，那么就要对症下药。树立远大的理想、拟定明确的人生目标，就可以成为消除空虚的最有力的武器。当然，这并不是说你树立了目标，空虚就被驱赶走了，而是当我们坚定地朝着自己目标前进的时候，空虚才会慢慢地远离我们而去。

2. 提高心理素质

有时候，即使是两个人生活在同一个环境中，但由于心理素质不同，其结果也会不同。有的人遭遇了一点点挫折就偃旗息鼓，他们很容易就陷入空虚中；有的人面对困难却丝毫不畏缩。所以，提高自我的心理素质，也能够将空虚及时地消灭，不给它进一步侵蚀心灵的机会。

3. 保持一份热情

生活本身是美好的，主要是看我们以怎样的态度去面对它。对生活缺乏热情的人，他们心中只有空虚，以及百无聊赖的寂寞，而那些对生活充满热情的人，哪怕是蓝天白云、高山大海，他们依然积极地去感受大自然的美丽。当那份热情填补了生活的空白，你哪还有精力和时间去空虚呢？

小贴士

从心理学角度说，空虚是一种消极情绪。那些空虚的人，无一例外都是对理想和前途失去信心，对生命的意义没有正确认识的人。他们对现实消极失望，以冷漠的态度来对待生活，遇人遇事就摇头。然而，当你的生活被不断充实起来时，压力就无处遁形了。

你每天花多少时间玩手机

信息时代，智能手机已经进入生活的方方面面，除了可以打发每个人的碎片时间，其他诸如购物、社交，甚至工作都可能需要用到手机。人们每天使用手机的时间越来越多，你每天花多少时间玩手机呢？

特恩斯市场研究公司（TNS）是一家全球性的市场研究与资讯集团，他们最近的一项研究显示，全球16～30岁的用户每天使用手机的时间平均为3.2小时，而中国手机用户的平均使用时间为3.9小时。在TNS的调查结果中，中国用户每天使用手机的时长仅次于泰国的4.2小时，位列全球第二。换言之，大部分中国人24小时，除去睡觉的8小时和吃饭的2小时，剩下的14个小时里，除工作没有空玩手机，有接近4个小时在使用手机，几乎占到了剩余时间的一半。

那么，人们每天用手机都在干什么呢？根据调查结果显示，使用社交网络和观看视频分别以46%和42%的比例占据使用频率的前两位，而在线购物以12%的比例位列第三。刷刷朋友圈，看看微博，逛逛淘宝、京东等，这些基本上是手机使用频率最高的行为。

你是否计算过自己每天花了多少时间来刷朋友圈。当现代社会的电子产品更新越来越快，社交网络越来越发达，越来越多的人成为低头族，吃饭时刷朋友圈，走路也刷手机，上厕所时手机似乎比手纸更重要。那么，你花在手机上的时间有多少呢，一小时？两三小时？三五小时？还是五小时以上？

有人甚至说，手机是现代人离不开的唯一东西。每天起床都会随手打开手机，点开微信朋友圈去看动态，一条一条往下翻，看到朋友的动态会随手点个赞，看到有意思的内容再评论一下。刷着手机，可能半个小时很快就过去了。因为总是玩手机，给人们一个错觉：玩手机很快就过去了，上班时总感觉时间好难熬。

大部分人玩手机上瘾、刷朋友圈上瘾，每天有空时就去刷下朋友圈，甚至有种感觉，工作一会儿就喜欢去点开看一下。其实很多时候别人都没有更新动态，刷了几次还是那几条。但是手就像着魔一样，总是想去看看。

手机的高频率使用，导致一大批手游滋生。平日里喜欢在电脑上玩游戏的人，开始将注意力集中在手机，毕竟比起电脑而言，手机更便于携带、更好操作。于是，人们花了更多的时间利用手机玩游戏。

13 岁的小松刚上初中，为了让他更好地学习，父母为其添置了电脑，主要用于查资料。平时小松只是在学习之余才上上网，大部分都用于学习。

不过，近一段时间，小松用电脑的频率比较多，经常是晚上就躲进家里的书房，一个人玩电脑。刚开始，父母还以为小松只是用电脑在学习，也没多注意。

后来有一次，父亲无意间经过书房，打算看一下小松的学习情况。推开房门才发现小松根本没有在学习，而是在玩游戏。父亲当即十分生气："小小年纪不学好，玩什么游戏，这会让你成绩直线下降的！"小松很无辜地看着父亲，说："可是班里的同学都在玩王者荣耀，他们天天谈论的都是游戏里的角色，我发现自己根本插不上嘴，我也是受他们影响，而且好多同学都会直接带手机去学校里玩，我只是晚上玩一会儿。"父亲当即打电话向老师了解情况，知道不仅初中生，连小学生都陷入这款游戏的诱惑之中。面对这样的环境，父亲表示很无奈。

其实，把花在手机上的时间拿出来关注自己，你会得到更多，努力工作你会得到报酬，生活中多点时间关心身边的亲人，让生活更温暖，而不是拿着冷冰冰的手机光在朋友圈关心关注那些你压根儿就不熟的人，而放任亲人在身边不闻不问，让亲情渐渐冷却。

曾有脑科学方面的专家对此进行研究后表示，每天长时间刷朋友圈会严重分散人的注意力。研究显示，脑的前额叶处理问题的习惯倾向于每次只处理一个任务。多任务切换，只会消耗更多脑力，增加认知负荷。因此，有科学家相信，这种"浅尝辄止"的方式，会使大脑在参与信息处理的过程中变得更加"肤浅"。美国学者甚至以"最愚蠢的一代"来讽刺信息时代的低头族。

1. 多交朋友，丰富生活

在闲暇的时候，多进行瑜伽、打篮球、跑步、深呼吸等活动，让生活充实，同时也可以放松身心。不要让自己的生活太无聊了，当一个人无聊的时候，就会不断地用手机来填补空虚的兴奋感，好像手机是自己获取外界信息的唯一通道一样。

2. 减少看手机、用手机的次数

下意识强制自己每几个小时才去查看一次手机。如果必须随身携带手机的话，就把手机放在包里，并强制自己不要频繁打开包查看手机。手机的长时间使用会形成一个习惯，对于习惯，是需要强制性才能达到效果的。

3. 彼此提醒少用手机

其实很多人之所以使用手机的时间那么长，在手机上，打开微信、打开微博、打开百度，这样一个一个看下去，漫无目的的，最终时间过去了，也不知道自己看了些什么。在生活工作中，彼此协商好，让对方监督并提醒你。如在使用手机好长时间了提醒下，在一些场所提醒不要使用手机等。

4. 删除不常用的程序

现在手机上打开一看，有的人装了很多APP应用，有购物、旅行、理财、游戏、微信、QQ等。手机上装的应用太多，会影响手机的运行速度，而商家推送信息则会干扰我们的注意力。对于手机上一些不常用的应用，可以删除，既可以腾出内存空间，还能够减少干扰，何乐而不为呢。

5. 别把手机放在床头

很多人，早上一睁开眼睛的第一件事情，就是看一下手机，朋友圈有没有更新等。每天晚上睡觉之前，也要看手机，这样不仅伤眼，还会影响睡眠质量。而且睡觉时，将手机放在旁边，会受到手机的辐射，人们在睡觉的时候对外界的防御能力是很低的。

6. 找其他东西代替手机

不要一遇到问题，就想到手机，也许会有其他更好的方法，从而减少对手机的依赖症。比如在上班路上可以选择看书来代替玩手机。拍照的时候，可以用数码相机代替手机。

7. 坚持每天写日记

记下每天使用手机的时间和目的，这样可以真正了解自己整天拿着手机是在做什么。也可以写一些你认为有意义的事情，让自己多发现身边的人和物，不仅可以戒掉手机瘾，可以扩宽自己的视野，还会锻炼自己的语言组织能力和表达能力。

小贴士

智能手机的出现确实让人们的生活变得更加便利和丰富多彩，让人与人之间的沟通也变得更便捷，但也让人与人之间面对面的交流变得越来越少，人们可能更愿意用发微信的方式来和朋友进行交流。凡事过犹不及，可别让手机占据了你全部的时间。

参考文献

[1] 吉姆·兰德尔．时间管理 [M]. 上海：上海交通大学出版社，2012.

[2] 邹鑫．小强升职记 [M]. 北京：电子工业出版社，2014.

[3] 章真．高效能人士的时间管理艺术 [M]. 北京：中国商业出版社，2015.

[4] 劳拉·范德卡姆．时间管理手账 [M]. 北京：中信出版社，2016.